CW01629671

BIBLIOTECA DE LA LIBERTAD

FORMATO MENOR

CONTRA LA MODERN MONETARY THEORY

JUAN RAMÓN RALLO

CONTRA LA MODERN MONETARY THEORY

[Los siete fraudes inflacionistas de Warren Mosler]

Prólogo de
José Antonio de Aguirre

Unión Editorial Argentina

INSTITUTO JUAN DE MARIANA

c/ Martín Machío, 15 • 28002 Madrid
Tel.: 913 500 228 • Fax: 911 812 212
Correo: info@unioneditorial.net
www.unioneditorial.es

UNIÓN EDITORIAL ARGENTINA
Jerónimo Salguero 1833
C1425DEC Buenos Aires
Tel.: 011 4827 3744
Correo: union@lugardelibros.com
www.ar.unioneditorial.net

ISBN: 978-84-7209-656-1

Depósito legal: M. 5.434-2015

Compuesto por JPM Graphic, S.L.
Impreso por La Imprenta Ya
Diseño de la cubierta por Joan Piqué Uria

Impreso en Argentina • *Printed in Argentina*

ÍNDICE

PRÓLOGO
por José Antonio de Aguirre

Escribió Hayek, casi al final de su carrera, que el enorme éxito alcanzado por la teoría de la demanda agregada de Keynes se debió a esa oportuna apelación directa que hacía a la experiencia del tendero de la esquina.[1] Confieso que no me hubiera atrevido a tanta mordacidad, pero el economista austriaco bien podía permitirse ese lujo después de que alguien le hubiera distinguido como la mente más confusa de Europa.[2] Observaba Hayek, sin embargo, que el tendero está en lo cierto cuando piensa que su prosperidad depende de la venta de los productos que exhibe en su escaparate, pero esto no autorizaba, ni a Keynes ni a nadie, a decir que la prosperidad de una nación depende del volumen de su demanda porque esta falaz idea ha sido siempre y sigue siendo hoy el origen de todas las inflaciones del crédito bancario que nos aquejan desde hace ya bastante tiempo. El liberarnos de esta perspectiva ha resultado una tarea que ha exigido un enorme esfuerzo, como lo fue para Adam Smith y como lo es hoy día para un grupo de economistas entre los que se encuentra el español Juan Ramón Rallo.[3]

En esta ocasión nos encontramos ante un nuevo ejemplo de las insensateces a las que nos puede arrastrar el profesar una doctrina errónea acerca del origen del *dinero* que a unos, como Warren

---

[1] Hayek, F. *Collected Works*, vol. 8, The University Press, Chicago 2012, p. 341.

[2] Hayek, F. *Obras Completas*, vol. 1, Unión Editorial, Madrid 1997, p. 88.

[3] Rallo, J.R. *Los errores de la vieja economía*. Unión Editorial, Madrid 2011.

Mosler, les lleva al ridículo y a otros a caer, una y otra vez, en la misma piedra a pesar de sus denodados esfuerzos por aparentar otra cosa. Hace ya más de un siglo que el gran economista austriaco, Carl Menger, nos enseñaba en lengua inglesa que «la teoría del dinero necesita primero de una teoría de la capacidad que tienen los bienes para ser intercambiados por otros» y «que el fallo a la hora de tener esto en cuenta adecuadamente en la explicación del intercambio, no solo es una laguna lamentable de nuestra disciplina científica sino una de las causas del retraso de la teoría monetaria».[4] Es decir, de lo que hoy llamamos la macroeconomía moderna.

Keynes nunca había leído a Menger porque en lengua alemana no podía hacerlo y, cuando el economista austriaco tuvo la cortesía de expresarse en la lengua del británico en una revista científica como *Economic Journal*, que Keynes llegó a dirigir, todo parece indicar que no le prestó atención alguna.[5] Pues bien, de los vientos que Keynes alentó vienen ahora estos lodos contra los que Rallo se ve obligado, de nuevo, a argumentar. En esta ocasión ha tenido el acierto de hacerlo incluyendo un apéndice en el que analiza el origen de la institución social del *dinero*. Un apéndice que el lector de esta obra debería aprender a dominar porque le permitirá, después, profundizar en su argumento para rebatir las insensateces del economista estadounidense Warren Mosler, que no tendrían mayor importancia sino fuera porque, de una forma velada, el núcleo de la macroeconomía moderna está contaminado por el nominalismo monetario que Keynes ayudó a difundir por todo el mundo como ningún otro economista.[6]

---

[4] Menger, C. *Sobre el origen del dinero,* anexo III al libro de G. Selgin *La libertad de emisión del dinero bancario*, Ed. Aosta, Madrid 2011, pp. 369.

[5] McCormick, B. *Hayek and the Keynesian Avalanche*, Harvester-Wheatsheaf 1992, p. 173.

[6] Keynes, J.M. *Tratado del dinero,* Ed. Aosta, Madrid 1996, p. 30.

El economista y financiero escocés John Law, que protagonizó uno de los escándalos financieros más notables que registra la historia, pensaba que el billete de banco ideal era el que nunca retornaba a su emisor para su pago en dinero efectivo.[7] Pero lo más sorprendente es que la mayoría de los economistas de nuestro tiempo piensan igual y creen que la gran virtud del actual sistema reside en que los medios de pago bancarios nunca retornan a su emisor para ser pagados en dinero efectivo, es decir, en bienes o servicios con valor económico.

Esto es inaudito, y lo era ya para Menger que clamaba por asentar la teoría del dinero en los principios de la teoría del valor de los bienes que él había venido a revolucionar. Pero hoy lo es solo para una minoría de economistas que asisten asombrados al espectáculo que su profesión está ofreciendo a los que cultivan otras disciplinas científicas. Sepan estos que solo así es como ha podido incubarse algo como el llamado «sistema bancario en la sombra» que ha sumido la economía de los países más avanzados en un colosal marasmo. No otra cosa cabía esperar de quienes, al decir de Geoffrey Brennan y James Buchanan,[8] creen haber descubierto la fórmula de convertir la arena en oro que los alquimistas medievales habían buscado con tanto afán.

Pero quisiera aprovechar la oportunidad que me brinda esta presentación para llamar la atención sobre el olvido de las ideas monetarias de Carl Menger, también en el seno de la Escuela Austriaca de Economía que él fundó. Nos lo recordaba, no hace mucho, el profesor de la Universidad de Viena E.W. Streissler.[9] Tal vez, Ludwig Mises fue el más influido por ellas, pero su obra,

---

[7] Rist, Ch. *Historia de la doctrinas relativas al crédito y la moneda,* Ed. Bosch, Barcelona 1945, p. 61.

[8] Brennan, G. y Buchanan, J. *Monopoly in Money and Inflation,* IEA, London, 1982, p. 15.

[9] Streissler, E.W. «Carl Menger's Article Money in the History of Economic Thought» en *Carl Menger and the Evolution of Payments Systems,* Edward Elgar 2002.

en cuanto al dinero, acabó desarrollándose en un sentido que, pienso, Menger no hubiera validado. Incluso Hayek se olvidó de Menger cuando redactó sus conferencias de Ginebra sobre el nacionalismo monetario en 1937 y también lo hizo cuando, años más tarde, propuso abolir el monopolio gubernamental de emisión de reservas bancarias (1976). Solo dos años después lo reconoció abiertamente[10] porque había sido Menger el que había dejado escrito que no podía llamarse *dinero* a un medio de pago de circulación forzosa (zwangkurs). Pero, incluso entonces, no atribuyó a la convertibilidad, el papel que tiene para poder dotar a los agentes económicos de un auténtico patrón de valor.[11]

Es este un tema que me intrigó cuando pude leer la versión inglesa del ensayo extenso sobre el dinero de Carl Menger[12] que Juan Ramón Rallo ha sabido enriquecer ahora. Desde los tiempos de David Ricardo, los economistas han estado luchando infructuosamente con este problema porque, en efecto, no hay en el mercado un solo bien o un conjunto de bienes cuyo poder adquisitivo del resto permanezca invariable en todo tiempo y lugar. Pero Menger pensaba que no todo estaba perdido. Si como la unidad de longitud, el metro, o la de peso, el kilo, pudiéramos disponer de una unidad o patrón de valor que tuviera un valor de compra invariable, habríamos dado un paso de gigante para racionalizar el cálculo económico. Ni siquiera el oro o la plata lo consiguieron, pero los soberanos que acuñaron estos metales nunca pudieron degradar este dinero como hicieron entonces con la moneda de vellón y hoy con el papel-moneda inconvertible.

Lo que sí sabemos, argumentaba Menger, es que todo precio permanecería invariable si las fuerzas que lo presionan al alza o a la baja desde el lado de la demanda son contrarrestadas, a

---

[10] Hayek, F. *Denationalisation of Money,* 2nd edition, IEA, London 1978, p. 35.

[11] *Ibid.*, p. 107.

[12] Menger, C. *El dinero,* Unión Editorial, Madrid 2013, pp. 173 y ss.

tiempo, por un aumento o disminución de la oferta. Pues bien, solo se trataría, con esta idea *in mente*, de buscar una solución a aquel problema y lo que estaba haciendo el innovador economista austriaco era invitar a sus colegas de profesión a intentarlo, aunque solo fuera de una manera aproximada. Ocupados unos en desarrollar una pretendida revolución como la keynesiana y otros, una minoría, en hacer frente a sus falacias, la verdad es que dejamos el edificio que Menger pretendía construir inacabado. La cuestión del patrón de valor quedó sepultada en el olvido y basándonos en unos conocimientos que no teníamos construimos un sistema que, de cuando en cuando, nos recuerda las consecuencias que esto tiene.[13]

De las críticas que hace Mosler, ¿qué podríamos decir? Solo que ninguna de ellas apunta en la dirección adecuada. Y si tuviera que elegir entre las diferentes especies de su alquimia, me quedaría, claro está, con su piedra filosofal que él trata, sin éxito, de adornar, pero que es un viejo conocido: el papel-moneda inconvertible que los ciudadanos dice que demandan porque con el mismo pueden pagar los impuestos. Tanto es su atractivo que los Estados decretan su curso legal forzoso. De aquí derivan las otras dos perlas que he querido escoger de su colección de prodigios, el desequilibrio de la balanza por cuenta corriente de su país que Milton Friedman supo defender con mayor ingenio[14] y su sistema de intermediación financiera.

El visionario estadounidense, que por experiencia profesional debe conocerlo bastante bien, está alarmado de la dimensión que está alcanzando en su país y en otros el sistema financiero de la economía. Puro populismo «a la keynesiana» que, con acierto

---

[13] Véase sobre este particular el tratamiento que hago de este tema en *Lecciones breves de una crisis económica 2007-2014,* Unión Editorial-Ed. Aosta, Madrid 2014, pp. 133 a 136.

[14] Friedman, M. y Friedman, R. *La tiranía del Statu Quo,* Ed. Ariel, Barcelona 1983, pp. 149 y ss.

y contundencia, desmonta Juan Ramón Rallo y que no es sino el subproducto de los excesos que la propia alquimia de Mosler procura. Pero por si fuera poco, nos propone, cuando nuestros recursos se encuentren ociosos, endeudarnos con otros países sin mayor cuidado. En España sabemos algo de esta amarga medicina que él parece estar esperando a degustar como hicieron los británicos en su día. Al menos Keynes era mucho más conspicuo que su discípulo. Él sabía muy bien que la situación de Gran Bretaña, al término de la Primera Guerra Mundial del siglo pasado, era insostenible y no hizo otra cosa que maniobrar para impedirlo. Se equivoca Mosler y otros menos osados que él si han llegado a creer que su objetivo era el progreso de la teoría económica.

Y de esto quisiera hablar para concluir esta presentación porque son muchas las ideas fecundas que contiene este libro y que valdría la pena desarrollar. Es claro que la teoría macroeconómica no puede pretender continuar analizando los problemas de coordinación que presentan las economías de mercado al nivel de agregación heredado de los planteamientos de Keynes. Es más, uno de los más populares, me temo, se encuentre seriamente amenazado porque, si algo demuestra la experiencia del siglo pasado, es el carácter ilusorio de pretender planificar la oferta de un medio de pago inconvertible. Cuando estábamos seguros de haberlo conseguido, nuestro sistema de intermediación financiera se nos vino abajo con estrépito y, no nos engañemos, bajo una forma diferente que sería pretencioso tratar de imaginar ahora, el fenómeno volverá a repetirse.

Debíamos haberlo sabido desde siempre porque no faltaban indicaciones, pero solo voy a referirme a una de ellas de un gran maestro. Adam Smith nos decía que el dinero que es solicitado en préstamo y no se va a devolver hasta después de varios años no se debería pedir a un banco, sino obtenerse de quienes se proponen vivir del interés de su dinero sin tomarse la molestia de invertir su capital en un negocio propio. Por esta razón, están dispuestos a prestarlo en el mercado de capitales a todos aquellos que siendo solventes lo necesitan a su disposición durante varios años.[15] Hicimos exactamente lo contrario y financiamos carteras enteras de títulos hipotecarios y otros de contenido ignoto con fondos obtenidos en los mercados mayoristas de dinero, no en el mercado de capitales como recomendaba el ilustre economista escocés. Fue así como las hipotecas, que siempre habían mostrado una de las tasas más bajas de morosidad entre los créditos, se convirtieron en el detonante de una crisis mundial. El autor de esta obra lo ha entendido a la perfección y esta es una de las ideas que deberíamos desarrollar si es que alguna vez queremos dotar a nuestras economías de una moneda sólida que no dé lugar a las crisis de paro que venimos padeciendo.

---

[15] Smith, A. *La riqueza de las naciones*, Tecnos, Madrid 2009, p. 390.

INTRODUCCIÓN

La Modern Monetary Theory (MMT) es una corriente de pensamiento económico que pretende teorizar sobre las implicaciones de la moneda fiat[1] dentro de nuestros sistemas financieros modernos. Sus ideas proceden de una fusión del pensamiento keynesiano sobre el funcionamiento de la economía y del pensamiento chartalista sobre la creación estatal del dinero. Es decir, la MMT combina dos tesis: por un lado, que el Estado, mientras existan recursos ociosos en el conjunto de la economía, puede hacer un uso discrecional de la oferta de moneda fiat sin que se produzca inflación ni otras consecuencias perversas; por otro, que el dinero es una criatura del Estado. Acaso por ello, a la MMT también se la haya denominado neochartalismo.

El economista estadounidense Warren Mosler es uno de los principales teóricos y divulgadores de la Modern Monetary Theory (MMT). Su libro más conocido, convertido en una habitual introducción al pensamiento de esta escuela, es *Siete fraudes mortalmente inocentes de la política económica* (2010), donde denuncia siete fraudes del pensamiento económico convencional a la luz de las enseñanzas del neochartalismo.

---

[1] Llamamos moneda fiat a todo aquel medio de pago que es el pasivo de un agente económico y que no es pagadero en otro medio de pago. Por ejemplo, un billete de dólar es un pasivo de la Reserva Federal: si ese billete de dólar es pagadero en 0,1 onzas de oro, entonces no es moneda fiat; si no es pagadero en otro medio de pago, entonces sí es moneda fiat. Precisamente por ello, otras denominaciones tradicionales para la moneda fiat han sido «moneda inconvertible» o «papel moneda inconvertible».

En concreto, los siete fraudes a los que se refiere Warren Mosler son los siguientes:

1. Es falso que el gasto público esté limitado por la solvencia del Estado.
2. Es falso que las generaciones futuras vayan a pagar la deuda pública emitida en el presente.
3. Es falso que los déficits públicos absorban el ahorro privado.
4. Es falso que el sistema público de pensiones pueda quebrar.
5. Es falso que los déficits exteriores reduzcan el empleo y la producción nacional.
6. Es falso que la inversión deba financiarse con ahorro.
7. Es falso que los mayores impuestos futuros derivados del mayor déficit presente sean perjudiciales para la economía.

Parece obvio que las afirmaciones de Warren Mosler suponen todo un torpedo contra la línea de flotación de la Economía moderna. En cierto modo, el estadounidense construye una anti-Economía monetaria: sus conclusiones son justo las contrarias a las que se hallan más generalmente aceptadas por lo que podríamos denominar una concepción ortodoxa de la teoría monetaria.

La razón por la que Mosler se cree capacitado para enmendar la plana a toda la ciencia económica moderna es la existencia de la moneda fiat estatal: la moneda fiat vendría a alterar las reglas naturales de la Economía, algo que la ciencia económica convencional no habría terminado de incorporar adecuadamente a su acervo. Dicho de otra manera: una vez el Estado se convierte en soberano de la moneda fiat, deja de estar sometido a las leyes económicas tradicionales, adquiriendo a partir de entonces una capacidad de control cuasi omnímoda sobre el conjunto del sistema productivo y financiero.

El propósito de este libro, *Contra la Modern Monetary Theory*, es utilizar el guion trazado por Mosler en su conocida obra para ofrecerle al lector una refutación de las proposiciones teóricas básicas sobre las que se asienta el neochartalismo. En concreto, y dándole la vuelta a los siete fraudes denunciados por Mosler, trataremos de exponer a lo largo de los próximos capítulos por qué:

1. El gasto público sí está limitado por la solvencia del Estado.
2. Una parte de las generaciones futuras sí pagan los déficits públicos presentes.
3. Los déficits públicos sí absorben el ahorro privado.
4. El sistema público de pensiones sí puede quebrar.
5. Los déficits exteriores sí pueden ser problemáticos para la producción y el empleo de una economía.
6. La inversión siempre debe financiarse con ahorro previo.
7. Los mayores impuestos futuros derivados de los mayores déficits públicos presentes sí son nocivos para la economía.

Asimismo, y a modo de complemento, hemos incluido un apéndice final donde desarrollamos por qué la teoría chartalista sobre el origen del dinero está esencialmente equivocada.

Más allá del interés que pueda despertar una refutación sistemática del popular libro de Mosler, diría que el valor esencial de *Contra la Modern Monetary Theory* es articular una teoría subjetivista sobre la moneda fiat, incardinándola dentro de los principios de la Escuela Austriaca y de la moderna teoría de la liquidez para, en consecuencia, demostrar que las leyes económicas fundamentales siguen siendo de absoluta aplicación también a los Estados que se arroguen el monopolio de la moneda fiat.

Capítulo I

LA MONEDA FIAT NO PERMITE FINANCIAR ILIMITADAMENTE EL GASTO PÚBLICO

Fraude mortalmente inocente 1: El Estado solo puede gastar si recauda dinero mediante los impuestos o si lo pide prestado. En otras palabras, el gasto público está limitado por su capacidad tributaria o por su capacidad para pedir prestado.

Réplica de Warren Mosler: El gasto público no está en absoluto contingentado operativamente por los ingresos, esto es, no existe riesgo alguno de insolvencia. El Estado siempre puede hacer frente a todos los pagos en su propia moneda, sin importar cuán grande sea su déficit o cuán escasos sean los impuestos que recaude.

Realidad: La moneda fiat es un crédito fiscal que sus tenedores le confieren al Estado. Por consiguiente, el gasto público sigue limitado por la capacidad del Estado para pedir prestado a través de la moneda fiat.

El primero de los fraudes mortalmente inocentes que denuncia Warren Mosler reza que los Estados pueden quebrar y que, por tanto, su gasto público está limitado o por los impuestos que son capaces de recaudar o por el capital que pueden pedir prestado al sector privado. Si un Estado se sobreendeuda, deberá incrementar los impuestos o recortar los gastos y, en última instancia, incluso decretar quitas sobre sus pasivos, lo que contribuirá a minorar su capacidad futura de gasto.

Mosler rechaza estas básicas relaciones económicas. En su opinión, la potestad de los Estados para exigirles impuestos a sus ciudadanos les confieren un poder muy especial: especificar en qué medio de pago deben abonarse esos impuestos. De acuerdo con Mosler y, en general con los teóricos de la MMT, los Estados pueden obligar a los ciudadanos a pagar los impuestos en una moneda que impriman los propios Estados en régimen de monopolio (por ejemplo, nuestros euros o dólares) y, en tal caso, ni siquiera habrá necesidad de que los Estados recauden impuestos para gastar: una vía mucho más sencilla e inmediata para ello será que impriman mayores cantidades de su propia moneda y la utilicen para comprar bienes y servicios en el mercado; dado que esa moneda será el único medio con el que los ciudadanos podrán hacer frente a sus obligaciones tributarias, se verán forzados a aceptarla como medio de pago, pudiendo el Estado, por consiguiente, sufragar todos sus desembolsos creando mayores cantidades de moneda.

En otras palabras, para Mosler, la función originaria de los impuestos no es la de proporcionar al Estado los fondos que necesita para gastar, sino la de generar una demanda social cautiva por la moneda que el propio Estado decide imprimir con el propósito de gastar. De ahí que, bajo las premisas de la MMT, el Estado siempre pueda comprar bienes y servicios o pagar sus deudas por el sencillo motivo de que siempre puede crear aquel dinero que sus ciudadanos deben aceptar para ulteriormente abonarle los impuestos. En palabras de Mosler: «El gasto público no está en absoluto restringido desde un punto de vista operativo por los ingresos que proceden de la recaudación tributaria y de las emisiones de deuda».

Lo anterior, aclara Mosler, no significa que el Estado no pueda abusar de su monopolio sobre la creación de dinero, hundiendo así el valor de la moneda (provocando inflación); solo significa que el sector público puede gastar sin recaudar y que, en consecuencia, siempre es capaz de pagar sus deudas: «Que el gasto público no esté operativamente limitado por los ingresos significa que no hay riesgo de insolvencia, es decir, que el Estado siempre puede hacer frente a todos aquellos pagos denominados en su propia moneda, con independencia de cuán grandes sean sus déficits o de cuán insignificante sea su recaudación tributaria. Lo anterior, empero, no significa que el Estado pueda gastar cuanto desee sin consecuencias. Si gasta en exceso incrementará los precios dentro de la economía y alimentará la inflación».

Llegados a este punto, permítanme ofrecerles una interpretación sustancialmente distinta a la de Mosler sobre el funcionamiento del sistema monetario estatal.

Una visión subjetivista de la moneda fiat

Para empezar, es obvio que el Estado puede gastar sin cobrar impuestos en forma de moneda fiat: eso es lo que hace cuando expropia directamente bienes u obliga a los ciudadanos a prestar ciertos servicios (como el servicio militar obligatorio). El Estado, en tanto monopolio de la violencia, no necesita negociar con el sector privado y ofrecerle nada a cambio: tan solo necesita arrebatárselo. La operación puede describirse fácilmente desde un punto de vista contable: en un comienzo (t=0), el ciudadano tiene una serie de propiedades varias con un valor de mercado de 100 onzas de oro, pero el Estado le ha exigido que dentro de un año (t=1) le transfiera la propiedad de algunos de esos activos, por un valor de 10 onzas de oro, de manera que el ciudadano también carga, desde un comienzo, con una obligación tributaria (igual al valor de mercado de las propiedades que tiene que transferirle al Estado: 10 onzas de oro); esa obligación tributaria será, además, simétrica al derecho tributario que el Estado ostentará contra el ciudadano en t=0.[1] Pasado un año, el ciudadano le transferirá parte de sus propiedades al Estado para cancelar su obligación tributaria y el Estado reemplazará su derecho tributario por esas propiedades específicas que le ha arrebatado al ciudadano.

Ciudadano en t=0

Activo	Pasivo
100 oz. Propiedades varias	Fondos propios 90 oz. Obligación tributaria 10 oz.

Estado en t=0

Activo	Pasivo
10 oz. Derecho tributario	Fondos propios 10 oz.

Ciudadano en t=1

Activo	Pasivo
90 oz. Propiedades varias	Fondos propios 90 oz. ~~Obligación tributaria 10 oz.~~

Estado en t=1

Activo	Pasivo
10 oz. Propiedades varias ~~10 oz. Derecho tributario~~	Fondos propios 10 oz.

Ahora bien, como expone Mosler, el sector público también puede lograr ese mismo objetivo de un modo más indirecto: exigiéndole al ciudadano que le abone sus obligaciones tributarias no en especie (entregándole directamente alguna de sus propiedades), sino en una moneda que solo el Estado pueda crear. Si esa moneda estatal no es pagadera en dinero estaremos ante una

[1] Denominamos derecho tributario al derecho que se arroga el Estado para imponer unilateralmente obligaciones pecuniariamente valorables al ciudadano. Denominamos obligación tributaria a la obligación ciudadana de soportar el derecho tributario del Estado. No hay que confundir los términos derecho tributario y obligación tributaria con los muy similares «crédito fiscal» y «deuda fiscal» que empleamos más abajo con otro significado (véase la nota a pie de página siguiente).

«moneda fiat» de origen estatal. En tal caso, el ciudadano se verá forzado a vender parte de sus propiedades a cambio de la moneda fiat que imprima el Estado (pues en caso contrario no podrá satisfacer su obligación tributaria) y, posteriormente, el ciudadano podrá cancelar su obligación tributaria mediante la entrega al Estado de la moneda fiat. En cierto modo, pues, es como si el Estado negociara un pago adelantado de la obligación tributaria: los ciudadanos le venden *voluntariamente* sus bienes al Estado a cambio de disponer de un derecho fiscal frente a éste: derecho fiscal que se halla materializado en la moneda fiat y que consiste en un derecho a cancelar su obligación tributaria en t=2. Es decir, la moneda fiat es, en realidad, una deuda fiscal del propio Estado ante el ciudadano y un crédito fiscal del ciudadano contra el Estado.[2] Contablemente, podemos representarlo como:

Ciudadano en t=0

Activo	Pasivo
100 oz. Propiedades varias	Fondos propios 90 oz. Obligación tributaria 10 oz.

Estado en t=0[3]

Activo	Pasivo
10 oz. Derecho tributario 10 oz. Moneda fiat (crédito fiscal)	Fondos propios 10 oz. Moneda fiat (deuda fiscal) 10 oz.

[2] Denominamos crédito fiscal al saldo acreedor que posee el ciudadano contra el Estado en virtud de haber adelantado el cumplimiento de sus obligaciones tributarias futuras. Denominamos deuda fiscal al saldo deudor que posee el Estado ante el ciudadano en virtud de haber adelantado el cobro de sus derechos tributarios futuros. El crédito fiscal puede hallarse materializado en un medio de pago no convertible en otro medio de pago, en cuyo caso hablaremos de un crédito fiscal materializado en forma de moneda fiat.

[3] En este asiento, la moneda fiat aparece tanto en el activo como en el pasivo del Estado. Con ello queremos representar el momento en el que la moneda fiat acaba de ser creada por el Estado (por ejemplo, el momento de la impresión de billetes de dólar) pero sin haber sido distribuida todavía entre los ciudadanos: que el Estado posea la moneda fiat equivale a poseer un derecho fiscal contra sí mismo.

Ciudadano en t=1

Activo	Pasivo
90 oz. Propiedades varias 10 oz. Moneda fiat (crédito fiscal)	Fondos propios 90 oz. Obligación tributaria 10 oz.

Estado en t=1

Activo	Pasivo
10 oz. Derecho tributario 10 oz. Propiedades varias (adquiridas al ciudadano)	Fondos propios 10 oz. Moneda fiat (deuda fiscal) 10 oz.

Ciudadano en t=2

Activo	Pasivo
90 oz. Propiedades varias ~~10 oz. Moneda fiat (crédito fiscal)~~	Fondos propios 90 oz. ~~Obligación tributaria 10 oz.~~

Estado en t=2

Activo	Pasivo
~~10 oz. Derecho tributario~~ 10 oz. Propiedades varias (adquiridas al ciudadano)	Fondos propios 10 oz. ~~Moneda fiat (deuda fiscal) 10 oz.~~

La moneda fiat, por consiguiente, es una deuda fiscal que el Estado coloca entre sus ciudadanos; o visto desde la otra perspectiva, es un crédito fiscal que los ciudadanos le conceden al Estado. En este sentido, si el importe de los tributos cobrables a corto plazo (derecho tributario del Estado contra la sociedad) coincide con el de la moneda creada (deuda fiscal del Estado en favor de la sociedad), el proceso será equivalente a si el Estado hubiese recaudado los tributos en especie: en lugar de hacerlo directamente lo hará indirectamente y con una cierta antelación.

Pero el caso en el que el importe de los derechos tributarios coincide con el de las deudas fiscales a corto plazo no es exactamente el que plantea Mosler, ya que, como decimos, sería enteramente equivalente al de cobrar impuestos (toda la moneda fiat impresa sería recaudada en impuestos). El asunto que, en realidad, plantea el economista de la MMT es otro: ¿puede el Estado aumentar su gasto imprimiendo más moneda fiat sin recaudar a corto plazo la totalidad de esa moneda fiat por la vía de los impuestos (es decir, puede el Estado gastar más monetizando su déficit público)?

Si el Estado crea más moneda fiat de la que pretende recaudar en el corto plazo, habrá ciertas cantidades de esa moneda fiat (de esas deudas fiscales del Estado) que deberán permanecer en el balance de algunos agentes económicos y que, como *toda* deuda, podrán ser objeto del tráfico mercantil (es decir, los agentes económicos podrán comprarlas o venderlas en el mercado secundario). En tal caso, la moneda fiat, como activo financiero que es (crédito fiscal frente al Estado), poseerá un precio de mercado: cuando la unidad de cuenta de un sistema económico sea un dinero externo a la moneda fiat creada por el Estado (tal como hemos supuesto en nuestros ejemplos anteriores en los que asumíamos la vigencia del patrón oro), podremos conocer exactamente cuál el valor de mercado de esa deuda fiscal del Estado simplemente fijándonos en la prima o en el descuento con el que cotice frente a ese dinero externo (un billete estatal que permite saldar impuestos por importe de 100 onzas podría, por ejemplo, intercambiarse por 90 onzas de oro o por 110 onzas de oro); pero cuando la unidad de cuenta que utilicen los agentes económicos sea la propia moneda fiat, es obvio que esa unidad de cuenta no puede cotizar con descuento o con prima con respecto a sí misma: de ahí que sus variaciones de valor se terminen reflejando en el precio del resto de bienes y servicios contra los que se intercambie (por tanto, si la moneda fiat se deprecia, habrá inflación; si se aprecia, habrá deflación).

Hasta aquí, el análisis podría ser relativamente convalidable al que efectúa Mosler, pero las implicaciones son en el fondo muy divergentes. La diferencia esencial es que nuestro análisis pone de manifiesto que el valor de la moneda fiat depende, como el de cualquier otro activo financiero, de su oferta y de su demanda. Mosler centra su análisis en el lado de la oferta de moneda fiat:

en su opinión, si hay inflación será que la cantidad de gasto total supera la producción presente de bienes y servicios, de manera que el Estado deberá reabsorber parte de ese gasto total, ya sea minorando sus desembolsos o aumentando los impuestos; en última instancia, pues, el problema de la inflación para Mosler es uno de cantidad de oferta monetaria con respecto a los bienes contra los que se puede intercambiar. Es decir, Mosler se centra en la oferta monetaria y desatiende por entero la demanda monetaria. El motivo probablemente sea que el economista de la MMT asume que la estabilidad de la demanda monetaria queda salvaguardada por la obligatoriedad del pago de impuestos en moneda fiat. Pero si, como hemos probado, la moneda fiat es una deuda estatal más al mismo nivel que las letras del Tesoro o los bonos del Estado (solo que una deuda *fiscal*), entonces el elemento crucial para determinar su valor será necesariamente su demanda por parte de los agentes económicos: a saber, la cantidad de bienes presentes que los inversores estén dispuestos a entregar para adquirir moneda fiat y mantenerla entre sus saldos de tesorería durante un determinado período de tiempo.

En este sentido, resulta equivocado reputar como estable la demanda de moneda fiat por el mero hecho de que todo agente económico esté obligado a disponer de ella en el momento de pagar sus impuestos: que todo el mundo deba devolverle al Estado unos papelitos que el mismo Estado ha impreso no significa que esos papelitos deban poseer una demanda y un valor estables, sobre todo si se hallan disponibles en cantidades muy superiores a los impuestos exigidos en el corto plazo; a la postre, los agentes siempre cuentan con la opción de minimizar su tenencia de moneda fiat durante el período de tiempo anterior a la amortización de su obligación tributaria, procediendo a adquirir la moneda fiat necesaria justo cuando llegue el momento del pago.

Lo mismo sucede, por cierto, con cualquier otra deuda: el deudor hipotecario no mantiene todo su patrimonio en forma de depósitos bancarios por el simple hecho de que, durante los próximos 40 años, tenga que utilizar esos depósitos bancarios para amortizar su deuda hipotecaria. La estrategia del deudor hipotecario razonable suele ser la de mantener unos ciertos saldos de tesorería en depósitos bancarios para atender las letras adeudadas a más corto plazo y, paralelamente, destinar el resto de su patrimonio a inversiones de más alto rendimiento.[4]

Deudor hipotecario según Mosler

Activo	Pasivo
1.000 oz. Inmueble 950 oz. Depósito bancario	Hipoteca 1.000 oz. Fondos propios 950 oz.

Deudor hipotecario típico

Activo	Pasivo
1.000 oz. Inmueble 500 oz. Fondo de inversión 400 oz. Deuda pública 50 oz. Depósito bancario	Hipoteca 1.000 oz. Fondos propios 950 oz.

[4] De hecho, si la expectativa de los agentes económicos fuera la de que el valor del depósito bancario se fuera a depreciar enormemente frente al resto de bienes o activos de la economía (por ejemplo, si se teme una quiebra del banco en el futuro próximo), el deudor hipotecario ni siquiera mantendría unos pequeños saldos de tesorería en forma de depósitos: adquiriría cualquier otro activo y recompraría los depósitos con descuento en el momento en el que venza la hipoteca. El deudor hipotecario más agresivo incluso incrementaría su endeudamiento con el banco que espera que vaya a quebrar para posteriormente lucrarse recomprando con descuento sus depósitos y amortizando su deuda: una estrategia que equivaldría a tomar posiciones cortas contra los depósitos del banco. Por ejemplo, un agente económico le solicita una hipoteca de un millón de euros a un banco que espera que vaya a quebrar; con esa hipoteca adquiere un inmueble de un millón de euros; posteriormente, cuando se generalizan los temores sobre la quiebra de este banco, el valor de mercado de sus depósitos se deprecia un 60% frente a su valor nominal, por lo que el hipotecado decide vender su inmueble a cambio de un millón de euros en tesorería o en depósitos de otro banco solvente; así, el hipotecado utiliza una parte de ese millón de euros (por ejemplo, 400.000 euros) para adquirir depósitos del banco quebrado por un valor nominal de un millón de euros; finalmente, el hipotecado tan solo necesitará amortizar su hipoteca de un millón de euros con sus recién adquiridos depósitos de un millón de euros en el propio banco quebrado (logrando unas plusvalías de 600.000 euros).

En definitiva, el valor de toda moneda fiat –como el de toda la deuda estatal o el de todo activo financiero– depende en esencia de la intensidad de su demanda sobre su oferta, y la intensidad de esa demanda depende de dos factores: la propensión marginal a ahorrar de los agentes económico y la rentabilidad neta de la propia moneda fiat.

La propensión marginal a ahorrar hace referencia al porcentaje de su renta que los agentes económicos desean conservar en forma de activos financieros. Dado que la moneda fiat es un activo financiero –un crédito fiscal contra el Estado– la propensión marginal a ahorrar será un elemento esencial para determinar su demanda: si el Estado imprime mucha más moneda fiat que la renta que los agentes económicos desean ahorrar, no mantendrán esa moneda fiat recién impresa entre sus saldos de tesorería, sino que procederán a enajenarla (a cambio de bienes de consumo) tan pronto como la reciban y, en tal caso, contribuirán a hacer subir los precios del resto de bienes y servicios (técnicamente diríamos que «la velocidad de circulación» de la moneda fiat aumentaría). Ahora bien, aun cuando el Estado *no* imprima más moneda fiat que aquel porcentaje de la renta que los agentes económicos desean ahorrar, no todo el porcentaje ahorrado de su renta tiene por qué materializarse en un *único* activo financiero (la moneda fiat): para conocer el peso que cada activo financiero exhibirá dentro de su cartera hemos de considerar la rentabilidad neta de cada uno de esos activos.

La rentabilidad neta de un activo financiero hace referencia a la tasa de retorno que espera obtener ese inversor por encima del coste de oportunidad que le representa ese activo financiero (coste de oportunidad que se explica por el aplazamiento del consumo, por la asunción de riesgos y por la pérdida de liquidez derivados de la inversión en el activo financiero). En el caso de la moneda fiat, su tasa de retorno explícita es nula –se trata de una deuda que no abona intereses a su tenedor– si bien su coste de oportunidad en términos de asunción de riesgos y de pérdida de liquidez también podría ser percibido como nulo por el inversor: de ahí que si un agente económico desea ahorrar una parte de su renta minimizando el deterioro de su liquidez y la asunción de riesgos (técnicamente: si su preferencia por la liquidez y su aversión al riesgo son muy altas), podría terminar ahorrando en forma de moneda fiat pese a su nulo retorno explícito (por ejemplo, porque el retorno del resto de activos no le compensen el coste de oportunidad que esos activos suponen en términos de iliquidez y riesgo).

Pero, para que un inversor que valore la liquidez y la seguridad decida ahorrar en forma de moneda fiat, será necesario que la moneda fiat se comporte como un activo más líquido y seguro que los restantes; de ahí que convenga proceder a analizar los determinantes de la liquidez y el riesgo de la moneda fiat.

Por un lado, la liquidez de un activo financiero se refiere a la capacidad de intercambiarlo sin pérdida de valor en cualquier lugar, en cualquier momento y en cualquier contexto económico: en el caso de la moneda fiat, sin que aumenten los precios de los bienes o activos que desearían adquirirse enajenando la propia moneda fiat. En consecuencia, para que la moneda fiat pueda prestar el servicio de liquidez, será necesario que mantenga su valor y, para ello, la oferta de moneda fiat no deberá exceder su demanda. Si lo hace, la liquidez de la moneda fiat comenzará a deteriorarse, lo que contribuirá a minar todavía más su demanda (pues aumentará el coste de oportunidad de mantener en cartera la moneda fiat debido a su mayor iliquidez).

Por otro lado, el riesgo de un activo financiero depende de la credibilidad de su emisor para honrar los compromisos contenidos en ese activo financiero. Por ejemplo, un banco es creíble con respecto a sus depósitos si se espera que pueda hacer frente a sus desembolsos; una empresa es creíble con respecto a sus bonos corporativos si se espera que pueda pagarlos a vencimiento, etc.

Pero, en el caso de la moneda fiat, no queda claro a qué hace referencia la credibilidad del Estado como deudor. La respuesta más inmediata es que, si la moneda fiat es una deuda estatal, la credibilidad debería depender de la expectativa de que el Estado pague esa deuda. Pero, ¿cómo paga el Estado una deuda «fiscal», esto es, la deuda contenida en las monedas fiat? Pues, como ya hemos visto, permitiéndole a su tenedor cancelar su obligación tributaria futura. Mas lo anterior no nos conduce demasiado lejos: si la unidad de cuenta de las obligaciones tributarias es la moneda fiat, por definición una unidad monetaria de moneda fiat siempre permitirá cancelar una unidad monetaria de obligación tributaria. ¿En qué sentido cabe temer que el Estado no pague una unidad de moneda fiat (dejando de lado el caso en que el Estado la repudie y la deje de aceptar como medio para descargar obligaciones tributarias)?

Para responder a esta última pregunta se hace necesario distinguir entre el valor nominal y el valor real de una deuda: el valor nominal de una deuda hace referencia al número de unidades de cuenta adeudadas; el valor real, en cambio, apela al valor de esas unidades de cuenta adeudadas frente al resto de bienes y servicios. Así, una moneda fiat, como deuda fiscal del Estado que es, jamás puede impagarse en términos nominales: salvo repudio por parte del Estado, una unidad de moneda fiat siempre descargará una unidad de obligación tributaria. Distinto es el caso del valor *real* de la moneda fiat: evidentemente, una unidad de moneda fiat no tiene el mismo valor cuando el monto de las obligaciones tributarias medias de un ciudadano es de 100 dólares que cuando es de 100.000 dólares. En este sentido, dado que el Estado mide su gasto en términos reales y no en términos nominales (desea adquirir a una determinada cantidad real de bienes y servicios), un encarecimiento generalizado de los bienes y servicios frente a la moneda fiat diluirá la capacidad de cada unidad de moneda fiat para saldar unas obligaciones tributarias nominalmente crecientes. O dicho de otra manera, tal como hemos visto con anterioridad, los bienes y servicios reales de los que se quiere apropiar el Estado constituyen la obligación tributaria de los ciudadanos; el valor de esa obligación tributaria puede expresarse nominalmente como la cantidad de unidades de moneda fiat que necesita el Estado para adquirir en el mercado los bienes y servicios que desea. De ahí que, si el valor de la obligación tributaria en términos de moneda fiat se incrementa (porque los bienes y servicios de que desea apropiarse el Estado se han encarecido), entonces cada unidad de moneda fiat pase a ser capaz de saldar una menor porción de esa obligación tributaria nominalmente agrandada (aun cuando en términos reales no se haya incrementado) y, por tanto, el valor real del crédito fiscal que representa cada moneda fiat se vea reducido.

Por consiguiente, el valor real de la moneda fiat –al igual que el de cualquier otra deuda– no es independiente del nivel general de precios. Del mismo modo que la inflación diluye el valor real de cualquier deuda, *también* diluye el valor de las deudas fiscales representadas por la moneda fiat, haciendo menos atractiva la demanda (el atesoramiento) de esa moneda fiat. Es en ese sentido en el que puede hablarse de la falta de credibilidad del Estado como deudor: aunque el valor nominal de una unidad de moneda fiat no puede variar, el valor real de los servicios que puede proporcionar (en forma de amortización de obligaciones tributarias) sí puede hacerlo. No olvidemos que la amortización de obligaciones tributarias a través del uso de la moneda fiat era, en el fondo, equivalente a su mucho más directa amortización vía pagos en especie: de esta forma, puede darse la circunstancia de que una determinada cantidad de moneda fiat vaya reemplazando un valor cada vez menor de las propiedades en especie que habrían sido entregadas para saldar la obligación tributaria de manera directa (si es que el precio de mercado de esas propiedades va en aumento). Por consiguiente, cuando el valor real de los servicios proporcionados por la moneda fiat se reduzca debido a la dilución de su capacidad para amortizar obligaciones tributarias diremos que se está impagando parcialmente la deuda fiscal del Estado representada en la moneda fiat, lo cual afectará a la credibilidad del Estado como deudor, aumentará el riesgo de la moneda fiat y, por tanto, el coste de oportunidad de mantenerla en cartera (repercutiendo, en última instancia, sobre la propia demanda de la moneda fiat).

Por consiguiente, tanto la liquidez como la seguridad de la moneda fiat dependerán de las expectativas sobre la estabilidad de su valor: una elevada inflación esperada provocará que la liquidez de la moneda fiat se deteriore (será menos útil como depósito de valor y como unidad de cuenta) y que su riesgo aumente (su capacidad para saldar obligaciones tributarias se verá mermeda).

En definitiva, la demanda de moneda fiat dependerá de: a) la propensión a ahorrar de los agentes económicos, b) la aversión al riesgo y la preferencia por la liquidez de los ahorradores, c) la capacidad y credibilidad del Estado para estabilizar a corto, medio y largo plazo el valor de la moneda fiat. Así, según los valores que adopten estos parámetros, la demanda de moneda fiat por período de tiempo será más o menos intensa: por ejemplo, en sociedades con baja propensión a ahorrar, la demanda será por definición escasa; en sociedades en plena expansión económica donde todos los activos financieros con rendimientos explícitos proporcionan retornos muy superiores a sus costes de oportunidad, también tenderá a ser muy baja; y allí donde se espere que el Estado se despreocupa por entero del valor de la moneda fiat –altas expectativas de inflación–, también lo será.

En todo caso, más allá de cuál sea en cada momento específico la demanda de moneda fiat por parte de los agentes económicos, sí debería quedar absolutamente claro que esa demanda ni es infinita ni enormemente elástica con respecto a su oferta: un Estado podrá financiar parte de sus gastos vendiendo en el mercado moneda fiat por encima de aquellas cantidades que los agentes económicos requerirán para atender sus obligaciones tributarias a corto plazo, pero no podrá hacerlo ilimitadamente sin que el valor de la moneda fiat se deteriore y sin que, vía deterioro de las expectativas, la propia demanda de moneda fiat también lo haga.

Por supuesto, el Estado puede desentenderse de esa depreciación del valor de la moneda fiat, pero si lo hace, como decimos, solo logrará que la demanda social de su moneda fiat se reduzca. Y si la demanda de moneda fiat se reduce, la capacidad del Estado para financiarse emitiendo moneda fiat también lo hará (cada unidad de moneda fiat podrá comprar cada vez menos bienes y activos en el mercado). Ante ese escenario, eventualmente todo Estado tendrá que tomar una decisión entre dos alternativas: la primera, tratar de recuperar su credibilidad adoptando una política fiscal y monetaria ortodoxas, basadas en el equilibrio presupuestario y en el compromiso de no monetizar sus déficits futuros (es decir, en el compromiso de no seguir inundando el mercado con unas cantidades de moneda fiat no deseadas por los ahorradores). La estabilización del valor de la moneda fiat puede resultar exitosa pues, aunque el valor de la moneda fiat se haya hundido en el pasado, siempre que se restablezca la expectativa de que no va a seguir deteriorándose en el futuro, los ahorradores pueden volver a demandarla para incorporarla en sus saldos de tesorería: al fin y al cabo, el hecho de que la moneda fiat acumule una depreciación pasada solo significa que hubo pérdidas para sus tenedores pasados (equivale a una quita histórica sobre un bono), pero a partir de ese momento podría volver a convertirse en un buen activo financiero en el que preservar la liquidez de los ahorradores.

La segunda alternativa que posee el Estado es la de seguir imprimiendo moneda fiat con tal de no subir impuestos o de no bajar los gastos. El problema de esta segunda opción es que si el Estado emite nuevas cantidades de moneda que sus ciudadanos no están dispuestos a demandar (es decir, atesorar), los precios del resto de bienes y activos subirán todavía más y, por tanto, la capacidad del Estado para comprar bienes en el mercado se verá mermada aún en mayor medida. Se trata de un círculo progresivamente vicioso en el que cuanta más moneda fiat imprime el Estado, menor cantidad de bienes y activos es capaz de adquirir. El caso extremo de esta perversa dinámica son las hiperinflaciones: los precios suben mucho más rápido de la velocidad a la que el Estado puede imprimir moneda, de manera que su capacidad real de capacidad real de comprar por la vía de crear más moneda fiat se ve estructuralmente deteriorada.

Evidentemente, muy pocos Estados son tan suicidas como para conducir su moneda fiat hasta el colapso total, por lo que en algún momento terminan estabilizando su valor. De hecho, la política monetaria moderna se articula en torno a un conjunto de reglas monetarias que, con el objetivo de dotar de credibilidad a la moneda fiat y estabilizar su demanda, han restringido sustancialmente la gestión discrecional del Estado para con su moneda fiat. O dicho de otro modo, todo Estado que aspire a estabilizar la demanda y el valor de su divisa fiat ha terminado adquiriendo con los inversores en moneda fiat algún tipo de compromiso conducente a cuidar el valor de esa divisa. La regla básica, no siempre respetada por entero, es que ningún Estado imprimirá moneda fiat para financiar sus déficits presupuestaros, sino que todo gasto público será cubierto o con recaudación fiscal o con emisiones de deuda pública a plazo (emisiones financiadas con el stock presente de moneda fiat y no con la creación de nueva moneda fiat). Otra regla complementaria a la anterior es que, cuando por algún motivo se deba crear nueva moneda fiat, siempre se hará de tal modo que pueda retirarse a corto plazo en caso de necesidad: por ejemplo, creando nueva moneda fiat contra activos de calidad que venzan a corto plazo (paradigmáticamente, la deuda pública a corto plazo). Asimismo, los Estados también habitúan a comprometerse a que las tasas de variación de los índices generales de precios (como el IPC) no se disparen sostenidamente en el tiempo, prometiendo restringir la oferta futura de moneda fiat cuando esos índices sobrepasen sostenidamente el nivel comprometido. De todo ello se desprende que solo en medio de circunstancias excepcionales en las que la demanda de moneda fiat sea muy intensa debido al generalizado deseo de liquidez –como sucede durante las depresiones económicas–, los Estados podrán saltarse parcial y temporalmente algunas de esas reglas sin que se hunda la demanda y el valor de la moneda fiat (si bien, como veremos en los próximos capítulos, existen otras razones de peso para que, en tales contextos, no sea conveniente adoptar tales cursos de acción).

El economista Hyman Minsky, una referencia intelectual entre los neochartalistas –fue director de la tesis doctoral de uno de sus pensadores más destacados, Randall Wray–, era muy consciente de la imperiosa necesidad de equilibrar el presupuesto público a largo plazo si se pretendía evitar un incremento de los tipos de interés y un aumento generalizado de precios que, de facto, dificultara la financiación del sector público en términos reales: «Un Estado puede incurrir en déficit durante una recesión sin que su solvencia se deteriore, siempre que su sistema impositivo y de gasto sea capaz de generar un superávit bajo circunstancias razonables y alcanzables. La deuda pública no tiene nada de especial, y es perfectamente posible que se dé una huida generalizada de una determinada deuda pública. En el caso de que la fuga se produzca entre los tenedores extranjeros de deuda pública, las repercusiones se dejarán sentir en los tipos de cambio; en el caso de que la fuga se produzca entre los tenedores domésticos, las repercusiones se traducirán en inflación y en la necesidad de abonar tipos de interés más altos por la deuda. Si en estas circunstancias, el banco central monetizara la deuda pública con tal de mantener su precio nominal, se produciría una fuga de los pasivos del banco central y de los bancos comerciales. Del mismo modo que las deudas de empresas privadas deben ser convalidadas por sus beneficios, las deudas bancarias deben serlo por el rendimiento de sus activos y las deudas exteriores por superávits exteriores, la deuda pública debe ser convalidada por un exceso de ingresos sobre gastos (...) Para que la deuda pública siga siendo aceptada por el público, los programas de recaudación y de gasto deben exhibir un superávit a lo largo del ciclo económico» (Minsky 1986).

Por consiguiente, el primero de los mitos que denuncia Mosler no es ningún mito: no es cierto que los Estados modernos puedan gastar sin recaudar impuestos y sin endeudarse. Cuando el Estado emite moneda fiat se está endeudando fiscalmente y su capacidad de incrementar ese endeudamiento fiscal *no* es ilimitada: todo incremento de la deuda, sea ésta estatal o no estatal, se halla restringido por la propensión a ahorrar de los acreedores y por su rentabilidad neta frente al resto de activos. Si la oferta de moneda fiat por parte del Estado sobrepasa su demanda por parte de sus usuarios, la inflación se desatará y el poder adquisitivo de la moneda fiat se reducirá, de modo que, aun cuando el Estado acepte socavar la credibilidad de la moneda fiat con tal de seguir gastando, su capacidad *real* de gasto seguirá sin ser ilimitada. Aquellos Estados que han visto cómo el valor de sus monedas fiat se descontrolaba son bien conscientes de que no pueden gastar sin límites por mucha divisa nueva que sean capaces de imprimir.

Capítulo II

LAS GENERACIONES FUTURAS SÍ SOPORTAN EL COSTE DE LA DEUDA PÚBLICA PRESENTE

Fraude mortalmente inocente 2: Los déficits públicos implican trasladarles el coste de nuestro gasto presente a las generaciones venideras.

Réplica de Warren Mosler: En términos reales y agregados, las generaciones venideras no pueden soportar el coste de nuestro gasto presente. Con deuda pública o sin deuda pública, las generaciones futuras consumirán lo que en ese momento sean capaces de producir.

Realidad: La acumulación de deuda pública sí empobrece a una parte de las generaciones futuras, circunstancia que a su vez desincentiva la inversión presente en incrementar la capacidad productiva de la economía.

El segundo de los fraudes mortalmente inocentes que Mosler le atribuye a la teoría económica ortodoxa es esa tan conocida máxima de que «los déficits públicos actuales los terminarán pagando las generaciones futuras», debido a que los déficits públicos se costean con emisiones de deuda pública y esas emisiones de deuda pública vencen en el futuro (en realidad, ya hemos explicado que la moneda fiat también es deuda estatal, pero en lo sucesivo vamos a restringir el significado de deuda pública a lo que coloquialmente se entiende como tal: deuda pública a plazo). Pero el economista de la MMT cree que no, que en términos colectivos las generaciones futuras siempre consumirán aquello que produzcan, haya deudas públicas pendientes de pago o no las haya.

Mosler intenta probar su razonamiento equiparando, por un lado, la moneda fiat con una cuenta corriente en el banco central y, por otro, la deuda pública con una imposición a plazo fijo en el banco central: es decir, el tenedor de moneda fiat sería un cuentacorrentista del banco central y el inversor en deuda pública sería como un cuentacorrentista del banco central que acepta contratar una imposición a plazo fijo: «Lo que realmente hace el Estado cuando "pide prestado dinero", es trasladar los fondos desde las cuentas corrientes en el banco central a imposiciones a plazo fijo en el banco central».[1]

Así, de acuerdo con este economista, cuando un Estado –por ejemplo el estadounidense– emite moneda fiat –por ejemplo, dólares– para gastar, solo está, en el fondo, incrementando la cuenta corriente que algunos ciudadanos poseen en el banco central, mientras que, cuando esos ciudadanos compran deuda pública, únicamente estarán reemplazando los dólares de su cuenta corriente por un depósito a plazo fijo (y, a su vez, cuando las imposiciones a plazo venzan, tan solo se les sustituirá su imposición a plazo fijo por un equivalente saldo de cuenta corriente en el banco central). Por ejemplo: un ciudadano que en t=0 posea una cuenta corriente de 100.000 dólares en el banco central puede, ulteriormente, inmovilizar en el banco central esa moneda fiat mediante una imposición a plazo fijo que, más adelante, le será reembolsada en forma de moneda fiat. El banco central actúa, en este sentido, como un intermediario entre el Estado y el ciudadano: con la im-

[1] El mundo actual es, en realidad, mucho más complejo: los ciudadanos poseemos cuentas corrientes en bancos comerciales y éstos mantienen un pequeño y oscilante porcentaje de las mismas en una cuenta corriente en el banco central de turno, lo que les computa como parte de sus reservas legales (el coeficiente mínimo de caja que les exigen las regulaciones estatales); pero la diferencia es irrelevante para analizar la cuestión de fondo que plantea Mosler con este ejemplo, así que seguiremos en lo sucesivo su modelo simplificado.

posición a plazo fijo del ciudadano, el banco central adquiere la deuda pública emitida por el Estado y cuando, posteriormente, el Estado amortiza la deuda pública (con moneda fiat), el banco central le restablece al ciudadano su cuenta corriente original.

Ciudadano en t=0

Activo	Pasivo
$100.000 C/c en el banco central	Fondos propios $100.000

Banco central en t=0

Activo	Pasivo
$100.000 Moneda fiat	Cuenta corriente $100.000

Estado en t=0

Activo	Pasivo
$100.000 Derecho tributario	Moneda fiat $100.000
$100.000 Propiedades varias	Fondos propios $100.000

Ciudadano en t=1

Activo	Pasivo
$100.000 Imposición a plazo fijo en el banco central	Fondos propios $100.000

Banco central en t=1

Activo	Pasivo
$100.000 Deuda pública	Imposición a plazo fijo $100.000

Estado en t=1[2]

Activo	Pasivo
$100.000 Derecho tributario	Moneda fiat (deuda fiscal) $100.000
$100.000 Propiedades varias	Fondos propios $100.000
$100.000 Moneda fiat (crédito fiscal)	Deuda pública $100.000

[2] En este asiento, la moneda fiat figura en el activo y el pasivo del Estado, en cuyo caso éste podría optar por cancelarla tanto en el activo como el pasivo. Sin embargo, asumimos que el Estado desea mantener en circulación sus emisiones de moneda fiat, por lo que, aun cuando aparezca en su activo y en su pasivo, lo hace solo de manera provisional hasta que vuelva a vendérsela a los ciudadanos.

Ciudadano en t=2

Activo	Pasivo
$100.000 C/c en el banco central	Fondos propios $100.000

Banco central en t=2

Activo	Pasivo
$100.000 Moneda fiat	Cuenta corriente $100.000

Estado en t=2

Activo	Pasivo
$100.000 Derecho tributario $100.000 Propiedades varias	Moneda fiat $100.000 Fondos propios $100.000

Mosler no observa ningún problema en todo este proceso por cuanto se trata de un mero movimiento contable sin implicaciones reales: la producción y el consumo agregado en cada generación no cambian como consecuencia de estos movimientos financieros. De hecho, las únicas implicaciones reales que podría llegar a acarrear resultarían incluso beneficiosas: a juicio de Mosler, si la economía estuviera funcionando por debajo de su capacidad potencial, el gasto gubernamental financiado con deuda podría incrementar la producción agregada y, por tanto, el consumo agregado de las generaciones venideras.

Esta misma lógica, de hecho, la aplica Mosler al caso de la financiación del déficit exterior de un país como EE.UU. Es sabido que EE.UU. mantiene un importante volumen de deuda exterior con China como resultado de haberle comprado a China durante años más bienes y servicios de los que le ha vendido. Mosler cree que EE.UU. puede financiar permanentemente ese déficit comercial imprimiendo dólares; esto es, a su juicio, la deuda comercial que los estadounidenses mantienen con los chinos es perfectamente pagable sin castigar a las generaciones futuras: cuando esta deuda exterior venza, los EE.UU. simplemente tendrán que imprimir los dólares necesarios para amortizarla (esto es, sustituir la imposición a plazo fijo que China mantiene en la Fed por una cuenta corriente de China en la Fed) y, a partir de ahí, los ciudadanos chinos podrán comprar cualesquiera bienes estadounidenses que estén a la venta. Nada de ello, dice Mosler, afecta a la riqueza de los ciudadanos estadounidenses: la deuda pública y exterior se pueden pagar sin empobrecer a las generaciones venideras.

En suma, según Mosler, toda la producción anual se reparte entre el conjunto de los ciudadanos que deciden gastar su moneda fiat en adquirir esa producción anual. Las generaciones venideras no pagan retrospectivamente las deudas de sus ancestros, ya que esas generaciones venideras consumirán, igualmente, lo que se haya producido durante ese año: «No existe tal cosa como la posibilidad de renunciar a la producción de este año en favor de las generaciones pasadas, pues no podemos mandarle la producción presente a las generaciones pretéritas a través del tiempo. Nuestros hijos no nos devolverán nada de lo que les hayamos dejando, porque aun cuando quisieran, no podrían».

El razonamiento de Mosler parece acertado, pero no: su argumentación adolece de dos serios errores; uno desde la perspectiva estática y otro desde la perspectiva dinámica.

Los errores en la perspectiva estática

El primer y básico error es que, en contra de lo que sostiene el economista de la MMT, las generaciones venideras sí terminan empobreciéndose por el exceso de gasto estatal presente financiado con cargo a deuda. Es verdad que, desde una reduccionista perspectiva de consumo agregado, parece que las generaciones venideras no renuncian a consumir cuando toda la deuda pública emitida ha sido adquirida por ahorradores interiores, pero exactamente el mismo razonamiento podría predicarse de cualquier deuda privada: si A le devuelve a B 100 dólares que éste le había prestado, el consumo conjunto de A y B no se reduce (A consume 100 menos y B consume 100 más). Este mismo ejemplo puede aplicarse al caso de las generaciones futuras: para que algunos miembros de las generaciones futuras puedan cobrar la deuda pública que les legaron sus ancestros (aquellos ahorradores que compraron deuda pública y que, por tanto, son acreedores del Estado), otros miembros de las generaciones futuras deberán pagarla (aquellos otros que no adquirieron deuda pública).

Podemos visualizarlo fácilmente con el siguiente ejemplo. Supongamos que el Estado desea comprar coches oficiales y que, en lugar de recaudar impuestos o bajar otros gastos, opta por imprimir billetes de dólar por encima de su demanda inversora. El dueño del concesionario, tras cobrar esos billetes, dispondrá de dos opciones: o los gasta en comprar otros bienes y servicios (de consumo o de inversión) o los destina a comprar deuda pública (mediante una imposición a plazo fijo en el banco central, siguiendo el modelo propuesto por Mosler).

Si opta por lo primero (gastarlos en consumo o inversión), los precios de los bienes de consumo o de inversión aumentarán, *reduciendo la cantidad* de bienes de consumo o de inversión disponibles para el resto de tenedores presentes de moneda fiat. En tal caso, habrá una presión al alza sobre los precios, que si no se revierte –verbigracia porque, como sucede en los Estados modernos, la oferta de moneda fiat continúa aumentando más rápido que su demanda–, supondrá una dilución del valor de la moneda fiat, con todos los eventuales problemas que analizamos en el capítulo anteror. Semejante dilución del valor de la moneda fiat equivaldrá a un impuesto tanto sobre sus tenedores cuanto sobre los tenedores de deuda pública no vencida pagadera en moneda fiat: serán estos dos agentes económicos –en nuestros ejemplos, los tenedores de dólares y los inversores en deuda pública nominada en dólares– quienes financiarán el sobregasto estatal presente con cargo a la mayor impresión de moneda fiat.

La segunda posibilidad pasa por que el tenedor de la moneda fiat opte por comprar deuda pública. En tal caso, se evitaría que las generaciones presentes sufrieran, vía inflación, la totalidad del coste del sobregasto estatal financiado con la emisión de moneda fiat. A la postre, la deuda pública actúa, como señala Mosler, a modo de imposición a plazo fijo: sus inversores tienen sus saldos de tesorería inmovilizados y no pueden emplearlos para adquirir mientras tanto otros bienes de consumo o de inversión. De esta manera, el Estado logra que la nueva oferta de moneda fiat que excede a su demanda inversora no sea empleada por todos sus tenedores al mismo tiempo, moderando las tensiones inflacionistas. Desde un punto de vista agregado, parte de los ciudadanos se abstienen de gastar sus dólares durante un período de tiempo (el plazo de duración de la deuda pública) para que el Estado pueda gastar más hoy sin que el resto de sus conciudadanos se vean forzados a gastar menos hoy (forzados a gastar menos merced a subidas impositivas o a la inflación).

Pero la emisión de deuda pública solo supone aplazar el problema al futuro (a las generaciones venideras): cuando la deuda pública venza y el Estado la amortice, las cuentas corrientes en el banco central de los inversores en deuda pública se incrementarán, de modo que podrán gastarlos en adquirir los bienes de consumo o de inversión existentes en ese momento, *restringiendo* así su oferta disponible para el resto de sus conciudadanos. Es verdad que en el futuro los perjuicios de esta restricción podrían ser menores que en el presente: si en el ínterin la producción agregada ha aumentado, el coste para los conciudadanos podría ser más llevadero, pero lo que no puede negarse es que el pago de la deuda pública en el futuro supondrá un coste para parte de las generaciones venideras (el gasto real de parte de esas generaciones venideras será potencialmente mayor si no padecen la losa de la deuda pública).

Acaso el punto anterior se comprenda más claramente comparándolo con los efectos de la deuda exterior sobre el comercio internacional (caso que el propio Mosler considera equivalente al de la colocación de deuda pública en el mercado interior): si, por ejemplo, EE.UU. amortizara con dólares de nueva impresión toda la deuda pública que poseen los ciudadanos chinos (y que es una consecuencia de los déficits comerciales pasados de EE.UU.), esos ciudadanos chinos pasarían a disponer de un gigantesco poder adquisitivo adicional en dólares con el que sobrepujar por los bienes y activos existentes actualmente en EE.UU.; bienes y activos que, en ausencia de esa deuda pública amortizada mediante dólares de nueva emisión, habrían sido adquiridos y disfrutados íntegramente por los estadounidenses. ¿Cómo puede afirmar Mosler que reducir el poder adquisitivo de los estadounidenses (esto es, limitar sus posibilidades de consumo e inversión) no supone empobrecerlos? Por supuesto que sí lo hace y, por eso, la deuda pública presente (interior o exterior) sí la pagarán íntegramente las generaciones futuras. La única duda a despejar es qué parte de las generaciones futuras la pagará.

Así, si la deuda pública se amortizara a vencimiento sin variaciones en el poder adquisitivo de la moneda fiat, el coste de esa deuda pública recaería íntegramente, tal como acabamos de exponer, sobre los herederos de quienes no adquirieron la deuda pública, esto es, sobre los contribuyentes futuros que no posean deuda pública en cartera. De esta forma resulta mucho más visible que la deuda pública es, en realidad, una vía de redistribuir fondos desde los contribuyentes futuros a los proveedores de servicios para el Estado presentes a través del ahorro de los inversores presentes en deuda pública: es verdad que, como dice Mosler, la generación presente consume la totalidad de la producción presente y la generación futura consume la totalidad de la producción futura, pero semejante análisis agregado oculta que una parte de la generación presente (los proveedores de servicios para el Estado) va a consumir por encima del valor realmente producido para la sociedad a costa de que una parte de la generación futura (los contribuyentes futuros) consuma por debajo del valor realmente producido por ella en el futuro. En otras palabras, no es del todo cierto que, como repite Mosler, no podamos enviar producción del futuro al presente: el ahorrador presente intermedia entre el futuro y el presente, de manera que la inversión en deuda pública provoca que parte de las generaciones futuras soporten la carga fiscal que beneficia a parte de las generaciones presentes (Figura 1).

FIGURA 1

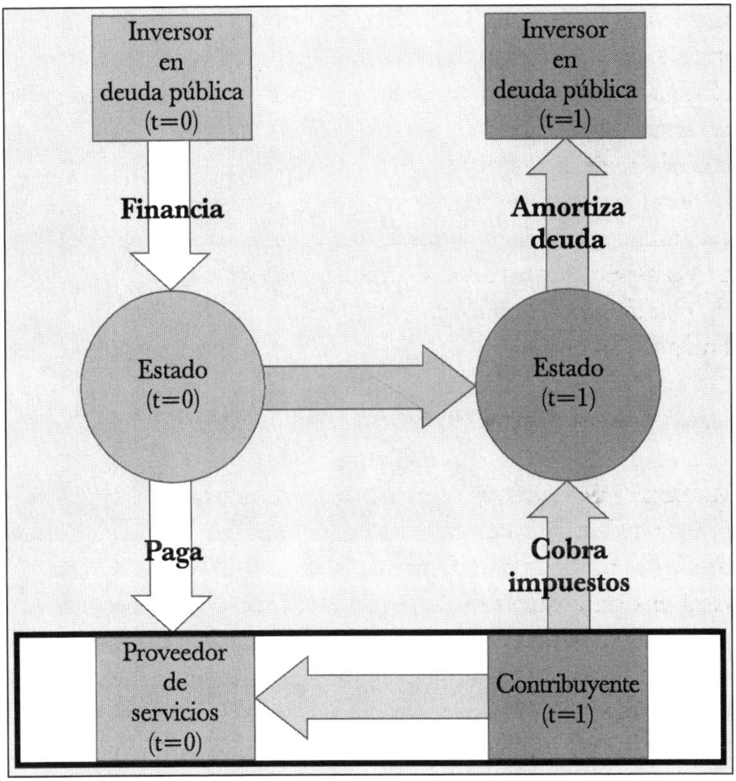

En cambio, si el Estado opta por impagar su deuda, quienes sufrirán el quebranto serán los inversores en deuda pública. A este respecto, caben dos posibilidades: la primera es que el Estado decrete quitas nominales sobre la deuda pública, esto es, que no devuelva la totalidad de lo adeudado a sus acreedores; la segunda, mucho más corriente, es que se produzcan quitas en su valor real, a saber, que el Estado, con anterioridad al vencimiento de su deuda, siga emitiendo moneda fiat en exceso de su demanda y que, de tal manera, provoque una depreciación del valor real de la moneda fiat en la que se amortizará la deuda pública. En ambos casos, los inversores en deuda pública serán descapitalizados, con lo que su capacidad de gasto se verá mermada: a efectos prácticos, es como si el inversor en deuda pública en t=0 le hubiese efectuado una donación al proveedor de servicios estatales en lugar de dejarle en herencia ese capital a sus herederos (Figura 2).

En definitiva, el coste de la deuda pública siempre lo soporta una parte de las generaciones futuras por la vía de ver limitado su gasto con respecto al nivel que podría haber exhibido en ausencia de esa deuda pública (Figura 3).

Los errores en la perspectiva dinámica

Pese a los razonamientos anteriores, podríamos pensar en un supuesto en el que el gasto público financiado con el endeudamiento público le saliera aparentemente «gratis» a la sociedad: cuando existen numerosos «recursos ociosos», una mayor impresión monetaria permite movilizar esos recursos e incrementar la producción, de manera que esa emisión monetaria aparentemente se autofinancia. Sin embargo, también cabe considerar la existencia de una posibilidad inversa: que un mayor gasto estatal *reduzca* la producción, incluso cuando existen recursos ociosos. Es decir, en este punto abandonamos la perspectiva estática (quién paga el mayor endeudamiento estatal asumiendo un efecto neutral de

FIGURA 2

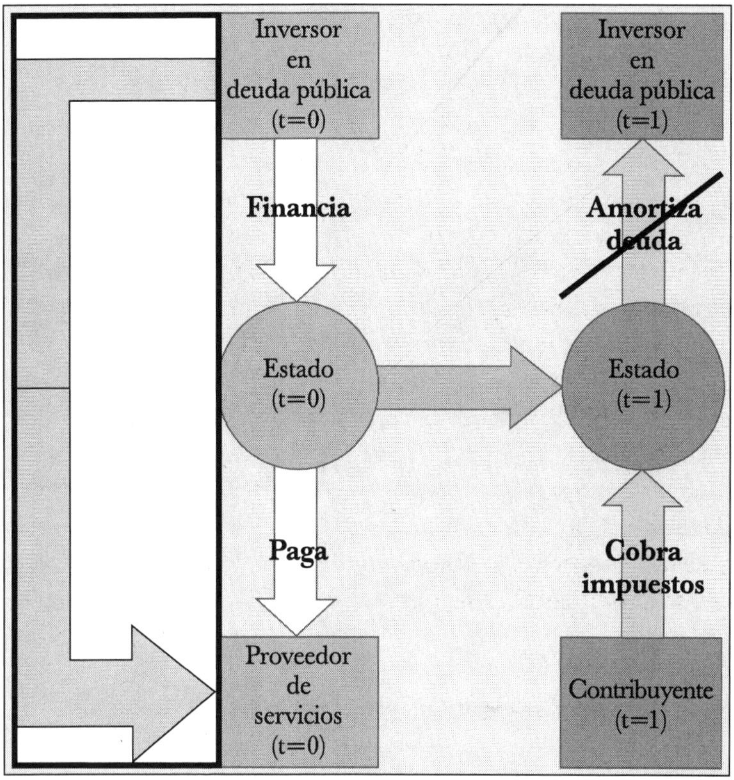

éste sobre la producción) para pasar a plantearnos sus efectos dinámicos (qué efecto tiene el endeudamiento estatal sobre el volumen de producción futura).

Analicemos primero el caso típicamente depresivo de que existan recursos ociosos. En principio, puede parecer que si el Estado imprime dinero podrá contratar a trabajadores parados y que éstos podrán empezar a producir más bienes y servicios que antes: más gasto y más producción implican más tarta para repartir entre todos y, por tanto, ausencia de inflación a pesar de las mayores existencias de moneda fiat. La limitación de este argumento es que

FIGURA 3

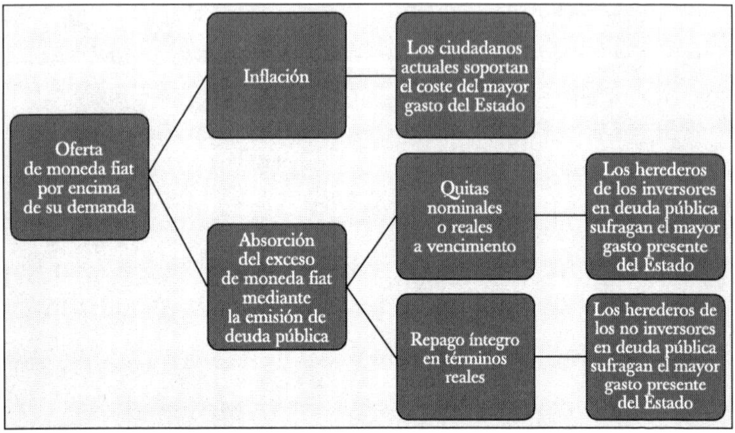

la impresión de moneda fiat solo será no inflacionista bajo dos condiciones: a) que el valor de mercado de los nuevos bienes que producen los trabajadores anteriormente desempleados supere el coste de contratarlos a ellos y a todos los restantes factores productivos necesarios para iniciar el proceso de fabricación, b) que esa nueva producción llegue al mercado antes de que los trabajadores, y el resto de factores productivos implicados, decidan gastar los dólares que han sido impresos para contratarlos.

Si estas dos condiciones no se cumplen, entonces solo se logrará incrementar la producción de unos bienes a costa de reducir intertemporalmente la adquisición –y, por tanto, la producción– de otros bienes: por ejemplo, si con la nueva moneda fiat se sobrepuja por el petróleo existente, su precio se elevará y lastrará la capacidad productiva de aquellas compañías intensivas en petróleo marginalmente menos rentables. Se tratará, en suma, de una redistribución del gasto y de una producción de carácter subóptimo.[3]

[3] Técnicamente estamos ante lo que el economista Friedrich Hayek (1939) denominó «el Efecto Ricardo».

Pero, ¿y si ambas condiciones se cumplieran? ¿Acaso no sería posible que la impresión de moneda fiat se autofinanciara con la creación de nuevos bienes y servicios? Sí, pero si ambas condiciones se dieran (la productividad de los factores ociosos supera el coste de su contratación y, además, existe ahorro suficiente como para financiar esa contratación) no sería en absoluto necesario que el Estado imprimiera y gastara nueva moneda fiat para que esos factores pudieran ser contratados y colocados a generar riqueza: simplemente, estaríamos ante una oportunidad de negocio que cualquier empresario podría aprovechar haciendo uso de su capital (capital que ha de existir para que la segunda de las anteriores condiciones de cumpla). Cuestión distinta es que consideremos que existen oportunidades de inversión que solo el Estado, y ningún otro de los millones de empresarios de una economía, es capaz de detectar: en ese caso el Estado sí podría generar riqueza neta financiando sus inversiones con la impresión de moneda fiat;[4] si bien, incluso en tal caso, sería mucho más responsable que sufragara sus aventuras empresariales constituyendo una empresa pública de responsabilidad limitada no avalada por la riqueza de todos los contribuyentes. En otras palabras, el gasto público costeado con impresión de moneda fiat ni es suficiente ni necesario para aumentar la producción cuando exista capacidad ociosa, pero sí es suficiente para modificar los patrones de producción en una dirección subóptima.

Ahora bien, el análisis que efectúa Mosler a propósito de la deuda pública no se limita al caso de una economía con recursos

---

[4] Keynes pensaba que, en determinadas circunstancias caracterizadas por la alta incertidumbre y el pesimismo generalizado, estas oportunidades podían ser apreciadas únicamente por el Estado y no por una clase empresarial sumida en la depresión. Sin embargo, ni es verosímil que el conjunto de los inversores sea reacio a invertir conforme se vayan abaratando los activos y los factores productivos ni que el Estado tenga suficiente información como para ejecutar inversiones rentables. Para una crítica más amplia al planteamiento keynesiano puede consultarse mi libro *Los errores de la vieja economía* (2011).

ociosos, sino que también incluye los efectos de la acumulación de deuda pública en economías que ya están funcionando a pleno rendimiento. Así, por ejemplo, una sociedad que padeciera una deuda pública equivalente al 500% de su PIB no sufriría ningún perjuicio sobre su capacidad productiva: su producción potencial, siguiendo el razonamiento de Mosler, será la misma que la de una sociedad con una deuda pública del 5% del PIB. A estas alturas, sin embargo, ya debería ser evidente por qué este razonamiento está errado: esencialmente por dos motivos.

Primero, una sociedad con una deuda pública tan descomunal sería una sociedad en la que el gasto público habría jugado históricamente una enorme influencia a la hora de determinar los patrones de producción básicos de esa sociedad, y las decisiones productivas centralizadas y monopolísticas del Estado tienden a ser subóptimas frente a las descentralizadas y competitivas de los empresarios. Segundo, una sociedad con una deuda pública del 500% es una sociedad que o bien destina gigantescas porciones de ahorro anuales a mantener la deuda pública en ese nivel, o bien comienza a pagarla por una de las tres vías vistas antes: más inflación, más impuestos o menos gasto; es decir, la expectativa de que en el futuro se dará alguno de estos tres efectos (o los tres) reduce la rentabilidad esperada de la inversión empresarial presente (también si se trata de un menor gasto público, ya que se trata de reducir el gasto *manteniendo el nivel de impuestos*): por consiguiente, los incentivos a ahorrar y a invertir en una economía con una enorme deuda pública se reducen de manera muy considerable y, por tanto, también su capacidad de creación de riqueza futura.

En suma, Mosler se equivoca tanto desde un punto de vista estático como desde un punto de vista dinámico. Desde un punto de vista estático, más deuda pública implicará mayores costes para una parte de las generaciones venideras: o bien los herederos de los actuales inversores en deuda pública (si el repago de ésta no se efectúa en términos nominales o reales) o bien los herederos de los no inversores en deuda pública (si el repago de ésta se efectúa íntegramente en términos reales). Precisamente por ese empobrecimiento futuro de una parte de la sociedad, la acumulación de deuda pública estatal supondrá una espada de Damocles para el sistema económico que desincentivará la acumulación privada de capital (pues una parte de ese sobrecoste futuro podrían, justamente, padecerlo quienes invirtieran en el interior del país).

CAPÍTULO III

EL DÉFICIT PÚBLICO SÍ ABSORBE EL AHORRO PRIVADO

Fraude mortalmente inocente 3: Los déficits públicos absorben el ahorro privado.

Réplica de Warren Mosler: Los déficits públicos no solo no absorben ahorro privado, sino que lo incrementan.

Realidad: Los déficits públicos sí absorben y dilapidan el ahorro privado.

El tercero de los fraudes mortalmente inocentes que denuncia Warren Mosler es la idea de que los déficits públicos absorben parte del ahorro de familias y empresas: un ahorro que alternativamente podría haber ido a financiar inversiones productivas y que, sin embargo, se dedica a sufragar los desembolsos del Estado (es lo que en la jerga económica se conoce como «efecto *crowding out*»). Según Mosler, la realidad es justo la inversa: los déficits públicos *incrementan* la cantidad de ahorro privado y, en contrapartida, los superávits públicos la reducen. La razón que aduce el economista de la MMT es muy sencilla: en una economía cerrada, el monto de los déficits públicos es contablemente igual al aumento de los activos en manos del sector privado (en una economía abierta, habría que sumar el saldo exterior a la posición presupuestaria del Estado para calcular la variación del ahorro del sector privado); y un aumento de los activos en manos del sector privado equivale contablemente a un incremento del ahorro: «En términos asequibles: los déficits públicos incrementan nuestros ahorros. Esto es un fenómeno contable, no teoría o filosofía. No existe discusión posible. Es contabilidad nacional básica».

Por ejemplo –dice Mosler–, cuando el Tesoro estadounidense coloca en los mercados 100.000 millones de dólares de deuda pública, los ahorradores que la adquieren sustituyen sus saldos de caja (sus «cuentas corrientes en la Reserva Federal») por activos financieros en forma de deuda pública (por «imposiciones a plazo fijo en la Reserva Federal»), de modo que el activo total de los ahorradores (y, por tanto, su ahorro total) no cambia. Ahora bien, una vez el Tesoro estadounidense gasta esos 100.000 millones de dólares en comprar bienes y activos en el sector privado, los saldos de caja de otros agentes económicos aumentarán, de manera que el activo total del sector privado se habrá incrementado en términos netos (los saldos de caja se redistribuyen de un grupo de agentes a otro, pero uno de esos grupos ve aumentar sus activos financieros).

Simétricamente, si el Estado cobra impuestos para amortizar deuda pública, estará arrebatándoles saldos de tesorería a unos agentes del sector privado para entregárselos a otros agentes del sector privado –los tenedores de deuda pública– como medio para amortizar esa deuda pública. Resultado: los saldos de caja meramente se redistribuyen dentro del sector privado pero los activos financieros en manos del sector privado se reducen (por la amortización de la deuda pública), esto es, su ahorro total disminuye en términos netos.

De hecho, Mosler llega al extremo de afirmar que es *imposible* que los ahorros del sector privado aumenten si el Estado exhibe superávits públicos: «No puede existir un superávit presupuestario mientras el ahorro privado se incrementa. No existe tal cosa y, sin embargo, ni un solo economista ortodoxo ni un solo funcionario público ha sido capaz de entenderlo».

Los economistas de la MMT suelen formalizar este último razonamiento extremo a través de un sencillo sistema de ecuaciones. Primero, observemos el PIB desde el lado del gasto (en una economía cerrada): sea el PIB la suma del consumo, la inversión y el gasto público.

$$PIB = C + I + G$$

Segundo, observemos el PIB desde el punto de la distribución de la renta privada: sea el PIB la suma del consumo, el ahorro y los impuestos.

$$PIB = C + S + T$$

Por último, igualamos ambas ecuaciones, de donde resulta que el ahorro neto del sector privado (S-I) solo puede proceder del déficit del sector público (G-T)

$$(S - I) = (G - T)$$

Así, como ya sugiriera Keynes, el sector público no succiona ahorro del sector privado, sino que genera endógenamente el ahorro necesario para financiar sus propios déficits. De este modo, regresamos de nuevo a la tesis central de Mosler: los Estados no deben preocuparse por el déficit, ya que ni su nivel de gasto se ve constreñido por su capacidad para colocar deuda en el mercado (fraude 1), ni, aun cuando se endeuden, ello supondrá una gravosa carga para las generaciones venideras (fraude 2). Al contrario, los Estados simplemente han de tratar de estabilizar el gasto total de la economía, maximizando la producción y el empleo en toda fase de la coyuntura, incluso en aquellos momentos en los que el sector privado desea seguir produciendo pero se niega a gastar en adquirir esa producción: esto es, en aquellos momentos en los que el sector privado desea incrementar su ahorro (producir sin gastar) es el Estado quien le proporciona al sector privado el instrumento adecuado para ahorrar en términos financieros, a saber, la deuda pública.

Como suele suceder, el razonamiento de Mosler adolece de tres serios errores que vamos a tratar de desenmarañar a continuación.

El error contable

El primer error de Mosler es de tipo contable: afirmar que el ahorro privado aumenta como consecuencia del mayor déficit público. A través de unos simples asientos contables podremos visualizar claramente el error del economista de la MMT. Supongamos que el Estado ha emitido un millón de dólares en moneda fiat que se hallan en manos de los ahorradores privados A (en t=0); en tal situación, el Estado podría emitir deuda pública (que sería adquirida por los ahorradores que poseen moneda fiat) para, a su vez, comprar las propiedades de los ahorradores privados B (en t=1).

Ahorradores privados A en t=0

Activo	Pasivo
$1.000.000 Moneda fiat (crédito fiscal)	Fondos propios $1.000.000

Ahorradores privados B en t=0

Activo	Pasivo
$500.000 Propiedades varias	Fondos propios $500.000

Estado en t=0

Activo	Pasivo
$1.000.000 Derecho tributario $1.000.000 Propiedades varias del Estado	Fondos propios $1.000.000 Moneda fiat (deuda fiscal) $1.000.000

Ahorradores privados A en t=1

Activo	Pasivo
\$500.000 Deuda pública \$500.000 Moneda fiat	Fondos propios \$1.000.000

Ahorradores privados B en t=1

Activo	Pasivo
\$500.000 Moneda fiat	Fondos propios \$500.000

Estado en t=1

Activo	Pasivo
\$1.000.000 Derecho tributario \$1.500.000 Propiedades varias del Estado	Fondos propios \$1.000.000 Moneda fiat (deuda fiscal) \$1.000.000 Deuda pública \$500.000

Siendo el ahorro total del sector privado la suma de los fondos propios del sector privado, es obvio que la emisión de deuda pública no ha incrementado el ahorro total: sigue siendo igual a dos millones de dólares. Mosler confunde un aumento del ahorro privado con el incremento del monto de activos financieros en manos del sector privado (deuda pública y moneda fiat) por encima del aumento del endeudamiento privado. Pero fijémonos en que el aumento de los saldos de moneda fiat en el sector «ahorradores privados B» se produce a costa de la venta de sus propiedades (esto es, a costa de reducir sus propiedades), que también son ahorro privado. Por tanto, el ahorro privado total no aumenta, simplemente cambia la composición de los activos en los que se manifiesta (de «moneda fiat + propiedades varias» a «moneda fiat + deuda pública»).

Ahora bien, lo que este conjunto de operaciones financieras ilustra –y éste es el germen de la confusión de los partidarios de la MMT– es que los activos financieros netos del sector privado (la diferencia entre activos financieros en manos del sector privado y los pasivos del sector privado) solo pueden aumentar si paralelamente aumentan los pasivos del sector público. En efecto, por definición, todo activo financiero en manos de una gente es un *pasivo financiero* de otro agente: por tanto, en ausencia de endeudamiento público, si un agente privado aumenta sus activos financieros es porque otro agente privado ha aumentado sus pasivos financieros. En agregado, el sector privado no puede aumentar por sí solo sus activos financieros netos (sus activos financieros por encima de sus pasivos financieros): pero eso no significa que el sector privado aumente su ahorro cuando se incrementan los déficits públicos; significa, más bien, que cambia su composición: el ahorro privado pasa a materializarse en deuda pública al tiempo que *deja de* materializarse en determinados activos reales (justo aquellos activos reales que el sector público le adquiere al sector privado merced a la financiación que obtiene con la emisión de deuda pública).

De hecho, estrictamente, ni siquiera es cierto que el endeudamiento público incremente los activos financieros *netos* en manos del sector privado: ello solo es así debido a una deficiente contabilización de los pasivos financieros del sector privado. Como hemos dicho, para que el endeudamiento público aumentara los activos financieros netos del sector privado debería incrementar sus activos financieros sin, paralelamente, incrementar sus pasivos financieros. Mas ello no sucede como ya vimos en el capítulo segundo: si el Estado programa amortizar esa nueva deuda pública con un aumento de los impuestos futuros, estará generando un pasivo fiscal sobre algunos agentes privados; si, en cambio, programa amortizarla con una reducción de su gasto, estará reduciendo los activos en manos de algunos agentes privados (su derecho o expectativa a recibir rentas futuras del Estado); si el Estado programa impagar en términos reales esa deuda imprimiendo nueva moneda fiat por encima de su demanda, lo único que estará haciendo es redistribuir dentro del sector privado –no incrementar– el valor de una parte de los activos en posesión del sector privado: en concreto, el de la moneda fiat o el de deuda pública no vencida (si el

Estado amortizara la deuda creando nueva moneda fiat ante un aumento de la demanda por la misma, tan solo nos hallaríamos ante una refinanciación de la deuda pública a un tipo de interés cero, que eventualmente tendría que terminar pagándose por uno de los tres mecanismos anteriores). Contablemente, por tanto, solo parece que hay un aumento de riqueza financiera en el sector privado porque no se contabiliza la fuente de financiación de esa deuda pública: el incremento de los pasivos del sector privado o la reducción del valor de otros de sus activos.

Aclarado este punto, conviene rechazar el otro argumento complementario que emplea Mosler: que el sector privado no puede ahorrar sin que el sector público incurra en déficits.

De entrada, parece obvio que el sector privado *sí* puede ahorrar sin necesidad de que existan déficits públicos: cuando un agente económico no consume la totalidad de su renta, sino que usa una parte de la misma para crear nuevos activos reales dentro del sector privado, su ahorro (y su inversión) aumentan. Ya lo hemos visto en los balances previos: antes de que el sector público emitiera deuda pública, el sector privado ya tenía ahorro propio (de hecho, la emisión de deuda pública solo modifica, como hemos analizado, la composición de los activos en los que se manifiesta el ahorro privado). Si esto no fuera así... ¡toda la riqueza creada por la humanidad a lo largo de su historia debería tener una contraparte contable en forma de deuda pública viva! Por las mismas, el Estado también puede reducir su endeudamiento sin destruir con ello ahorro del sector privado: al contrario, en la medida en que el Estado deja de absorber ahorro de familias y empresas, libera capital que pueda ser empleado en las inversiones del sector privado.

Ahora bien, tal como hemos visto antes, sí es cierto que el sector privado en agregado no puede aumentar su tenencia de activos financieros netos a menos que el Estado aumente su endeudamiento (los activos financieros del sector privado son, por definición, iguales a sus pasivos financieros). Y eso es simplemente lo que pone de manifiesto el sistema de ecuaciones anterior: que la única forma en la que el ahorro del sector privado (S) supere la inversión materializada dentro del sector privado (I) es adquiriendo posiciones acreedoras contra otro agente que no forme parte del sector privado (el sector público) y, para ello, ese agente que no forma parte del sector privado se tiene que endeudar con el sector privado (G-T).

Por ejemplo, podemos replantear el sistema de ecuaciones anterior suponiendo que no existe sector público y diferenciando entre un sector privado netamente acreedor y un sector privado netamente deudor. Así, sea el PIB por el lado del gasto la suma del consumo del sector privado acreedor (C_A) y del sector privado deudor (C_D), así como de la inversión del sector privado acreedor (I_A) y del sector privado deudor (I_D).

$$PIB = C_A + C_D + I_A + I_D$$

Sea el PIB por el lado de la distribución de la renta privada igual a la suma del consumo del sector privado acreedor (C_A) y del sector privado deudor (C_D), así como del ahorro del sector privado acreedor (S_A) y del sector privado deudor (S_D).

$$PIB = C_A + C_D + S_A + S_D$$

Sea, además, el ahorro del sector acreedor superior a la inversión del sector acreedor y el ahorro del sector deudor inferior a la inversión del sector deudor (justamente por eso el sector privado acreedor adquiere posiciones acreedores frente al sector privado deudor):

$$S_A > I_A$$

$$S_D < I_D$$

En tal caso, el exceso de ahorro del sector privado acreedor solo podrá venir del exceso de inversión del sector privado deudor:

$$S_A - I_A = I_D - S_D$$

En suma, el anterior sistema de ecuaciones no significa que el sector privado solo pueda ahorrar mediante el endeudamiento del sector público (o que los superávits públicos necesariamente impliquen desahorros privados), sino que un sector económico (sea éste todo el sector privado o lo que nosotros hemos llamado «sector privado acreedor») solo puede adquirir un saldo acreedor contra otro sector económico (sea éste el sector público o lo que nosotros hemos llamado «sector privado deudor») si ese otro sector económico adquiere un saldo deudor contra el primero. Y, como también expresa ese sistema de ecuaciones, la única forma en la que, en última instancia, un sector económico puede registrar un saldo deudor frente a otro es gastando en ese otro sector más de lo que ese otro sector gasta en él.

Las ecuaciones anteriores también tienen una lectura mucho más simple si, en lugar de analizarlas desde la perspectiva patrimonial del ahorrador, las leemos desde el punto de vista de las opciones de financiación del deudor. A saber: que para que un sector pueda endeudarse en términos netos (sea el sector público o el sector privado), otro sector debe ahorrar por encima de su gasto en inversión intrasectorial. Aplicado al caso del endeudamiento público: los déficits públicos han de financiarse indefectiblemente a costa de la inversión privada (el sector privado no puede invertir en el sector privado todo el ahorro privado y, a su vez, comprar deuda pública): no es que el déficit público cree ahorro privado, sino que el déficit público solo puede emerger en presencia de un ahorro privado que rebase la inversión privada. Y ésta es una conclusión absolutamente conocida dentro de la ciencia económica ortodoxa: se llama efecto expulsión (o efecto *crowding-out*).

La situación, por cierto, es absolutamente simétrica a lo que acaece en el comercio internacional, donde una economía nacional solo puede adquirir un saldo acreedor frente a otra economía nacional por la vía de exportar más de lo que importa. Sin embargo, a ningún economista serio se le ocurriría proclamar que una economía nacional solo puede ahorrar exportando más de lo que importa: evidentemente, una economía nacional puede ahorrar internamente con un saldo exterior equilibrado *y, también,* con un saldo exterior deficitario. Verbigracia, nadie negará que el ahorro interno de España pueden crecer desde 100.000 millones de dólares a 500.000 millones sin necesidad de que el resto del mundo se endeuden con España; pero sí es cierto que España solo podrá incrementar sus derechos de crédito contra el resto del mundo si el resto del mundo se endeuda con España.

El error es, justamente, el de confundir el ahorro intrasectorial con un saldo intersectorial acreedor: el ahorro dentro de un sector puede crecer sin necesidad de que aumenten los saldos acreedores sobre otros sectores. De hecho, si toda la economía mundial se considerara un único sector (la economía del planeta Tierra), no habría posibilidad de acumular saldos acreedores de carácter intersectorial, y eso, evidentemente, no significaría que la economía mundial esté imposibilitada para incrementar su ahorro *interno.* Pero recordemos que, para Mosler, «los déficits públicos incrementan nuestros ahorros. Esto es un fenómeno contable, no teoría o filosofía. No existe discusión posible».

El error en los conceptos económicos

El segundo error de Mosler trasciende de lo meramente contable y afecta a los propios conceptos económicos. Según el economista de la MMT, la adquisición de deuda pública por parte del sector privado no reduce el ahorro disponible para financiar otras inversiones privadas, pues, como ya hemos dicho, más endeudamiento público significa más ahorro privado.

En realidad, tal como acabamos de probar, lo único que sucede es que un mayor endeudamiento público requiere de una menor inversión privada para financiarse. Pero el error que está cometiendo Mosler en sus afirmaciones no es solo contable, sino también económico: Mosler confunde ahorro real con ahorro nominal. Por ahorro nominal cabe entender el valor monetario de los activos de un sistema económico; por ahorro real, los factores productivos que no se están empleando en fabricar bienes de consumo presentes y que pueden ser utilizados para generar bienes de consumo en el futuro. Efectuada esta distinción, cabe plantearse dos cuestiones.

Primera: ¿todo aumento del ahorro nominal va aparejado a un aumento del ahorro real? Respuesta: no, pues la inflación o las burbujas de activos son ejemplos de aumentos del valor nominal de los activos que no van aparejados a una mayor disponibilidad de factores productivos para invertir. Segunda cuestión: ¿el aumento de la inversión real se logra a través de un mayor ahorro nominal o de un mayor ahorro real? Respuesta: se logra a través de un mayor ahorro real; a la postre, para ejecutar una inversión productiva alguien tiene que estar dispuesto a retrasar su consumo durante un período de tiempo y a asumir un cierto riesgo (es decir, alguien debe estar dispuesto a ahorrar en términos reales), ya sea ese alguien el propio inversor (él mismo renuncia a consumir por un período de tiempo durante el que se dedica a producir los bienes de consumo de que disfrutará en el futuro) o un ahorrador ajeno (otra persona renuncia a consumir por un período de tiempo para que el inversor produzca durante ese período de tiempo los bienes de consumo de los que ambos disfrutarán en el futuro).

Más ahorro nominal puede, por tanto, indicar simplemente que se han encarecido los factores productivos necesarios para ejecutar una inversión o que el perfil del plan de ahorro no coincide con el perfil del plan de inversión. Por ejemplo, un aumento burbujístico del valor de un inmueble generará un incremento monetario de los fondos propios del inversor, sin que ello signifique que, en realidad, haya más ahorro real disponible dentro del sistema económico para poder incrementar la inversión productiva.

Inversor ante una burbuja de activos en t=0

Activo	Pasivo
$100.000 Inmueble	Fondos propios $100.000

Inversor ante una burbuja de activos en t=1

Activo	Pasivo
$500.000 Inmueble	Fondos propios $500.000

O, por ejemplo, el valor monetario de un millón de dólares prestados a 40 años es exactamente igual al de un millón de dólares adeudados a un día, pero parece claro que el ahorro a un día de un millón de dólares no es la base económica adecuada para financiar una inversión a 40 años (en términos de ahorro real: renunciar a la disponibilidad de factores productivos durante un día no permite acometer una inversión que necesita contar con una disponibilidad de factores productivos durante 40 años).

Inversor con un balance desajustado

Activo	Pasivo
$1.000.000 Inversión a 40 años	Deuda a un día $1.000.000

De estas sencillas reglas económicas no escapa la deuda pública: cuando un ahorrador privado adquiere deuda pública, ese ahorrador está renunciando a disponer durante un período de tiempo de ciertos bienes o activos (aquellos que podría haber consumido o con los que podría haber invertido) para que disponga de ellos el sector público durante ese período de tiempo. Pero si es el sector público el que dispone de ellos, no lo hará el sector privado: por tanto, debido a la adquisición de deuda pública por parte de algunos ahorradores privados, los bienes y activos disponibles en el sector privado se organizarán de una forma distinta a cómo se habrían organizado si ese ahorro privado hubiese ido a parar a inversores privados. Que el sector público se endeude para invertir de una manera sí implica que el sector privado no dispondrá de esos mismos recursos para invertir de otra manera.

En definitiva, por el hecho de que aumente la deuda pública no se genera automáticamente un aumento neto del ahorro real (como mucho, se reduce la inversión privada para dar cabida a la adquisición de deuda pública): no se crean *ex nihilo* más recursos económicos netos que permitan incrementar simultáneamente la inversión tanto del sector público como del privado. Mosler cae en el error de creer que el aumento del ahorro financiero nominal equivale a un aumento del ahorro real como consecuencia de la ficción contable que hemos denunciado antes.

El error en las relaciones económicas

El tercero de los errores de Mosler es obviar la descoordinación social que genera el endeudamiento público. El economista de la MMT señala que sí es posible que la deuda pública aumente sin que se reduzca la inversión privada: según Mosler, hay determinados momentos en los que el sector privado quiere incrementar su ahorro reduciendo su gasto agregado, en cuyo caso ese gasto agregado pasa a ser inferior al valor de la producción agregada y ésta termina contrayéndose. Es lo que se conoce como «paradoja del ahorro», a saber, cuando todos los agentes económicos desean ahorrar (no consumir), la producción agregada cae y, por tanto, también el ahorro agregado. Es en esos momentos en los que el sector público tiene que endeudarse para estabilizar el gasto agregado –igualándolo a la producción agregada– y para proporcionarle activos financieros libres de riesgo al sector privado en los que éste pueda materializar sus ansias de ahorro. En este argumento de Mosler también existen diversos errores.

Primero, fijémonos en que, si el sector privado desea seguir produciendo más bienes, es porque también desea seguir consumiendo más bienes ahora o en el futuro. No tiene sentido que alguien se dedique a generar una riqueza de la que no quiere disfrutar en ningún momento (ya la quiera disfrutar él o quiera que la disfruten sus descendientes). Por consiguiente, si el conjunto de agentes económicos se dedican a producir bienes es porque el conjunto de agentes económicos desea disponer en algún momento de bienes, ya sea en el presente (bienes de consumo) o en el futuro (bienes de inversión presentes que generarán bienes de consumo en el futuro). Que la totalidad del sector privado trate de incrementar su ahorro no significa que la producción agregada deba desmoronarse: simplemente significa que una parte de la producción deberá tomar la forma de los bienes de inversión en los que los ahorradores desean canalizar su ahorro a lo largo del tiempo. En este sentido, el gasto agregado de los agentes económicos solo se desmoronará con respecto a la producción agregada cuando la composición de esa producción agregada no coincida con la deseada por el conjunto de agentes económicos: es decir, el gasto agregado solo se desmoronará cuando la producción agregada deba reconfigurarse por no coincidir con las necesidades de los agentes económicos.

Ante esto existen dos opciones: o permitir que la producción agregada se readapte a las necesidades de los agentes económicos (aunque ello suponga el abandono de líneas productivas enteras que hoy se juzgan inservibles) o impedirlo por la vía de que el sector público adquiera todas las mercancías sin demanda aumentando su gasto mediante la colocación de deuda pública en el sector privado (de manera que sea el sector privado ahorrador el que, en última instancia, termine adquiriendo esas mercancías a través de la interposición de la deuda pública).

Mosler defiende esta última vía, pero con ello solo está, por un lado, prolongando en el tiempo el desequilibrio existente entre las preferencias presentes y futuras de los agentes económicos (demanda intertemporal) y entre el conjunto de estructuras productivas (oferta intertemporal) y, por otro, cubriendo ese desequilibrio con parte de la riqueza que espera que el sistema económico genere en el futuro: en concreto, el Estado concede poder adquisitivo a productores presentes que deberían haberlo perdido (el Estado se endeuda para comprarles sus mercancías que carecen de demanda entre el resto de agentes económicos) y ese poder adquisitivo que les concede hoy será amortizado restándoles poder adquisitivo a otros agentes económicos en el futuro (como ya hemos visto, a través de mayores impuestos, menor gasto o mayor inflación). Como comentaremos en el capítulo 7, solo en un número extremadamente reducido (e improbable) de circunstancias esta intervención podría terminar teniendo un cierto éxito (fundamentalmente, cuando el Estado mantenga la demanda de industrias que sí son capaces de crear valor a largo plazo pero cuya demanda presente se ve lastrada por un enorme e injustificado clima de incertidumbre sobre el conjunto de la economía).

Mosler, no obstante, parece ignorar que, al emitir deuda pública para estabilizar el gasto, estará, en general, tapando agujeros presentes con riqueza futura (lo mismo que sucede, por cierto, cuando el Estado rescata a una empresa quebrada); y lo ignora porque, según su segundo fraude mortalmente inocente, la deuda pública presente no la pagan las generaciones futuras, sino que no la paga nadie: en tal caso, evidente y tautológicamente, estamos ante un absoluto *free lunch* para el sector privado. Pero, como ya hemos expuesto, no es así: la deuda pública no permite financiar un aumento intertemporal neto del gasto, de la producción y del ahorro privado.

A lo anterior suele replicarse con la siguiente objeción: en determinados momentos de la coyuntura económica, los agentes económicos solo desean invertir en activos extremadamente seguros. En una economía con patrón oro, ese activo extremadamente seguro es el propio oro, pero ello da lugar a un notable problema: la producción de oro no puede aumentar sustancialmente a corto plazo ante el incremento de su demanda, de manera que la producción agregada sí tendería a contraerse en un contexto donde los ahorradores invirtieran masivamente en oro. En cambio, en una economía donde el oro haya sido sustituido por la moneda fiat, los agentes también intentarán incrementar sus saldos de caja durante una depresión, con la salvedad de que éstos, a diferencia del oro, sí pueden ser producidos y gastados por el Estado a discreción: la emisión de moneda fiat sería, según diversos economistas, la única forma de proporcionar a los ahorradores un activo que se ajuste a sus preferencias (un activo libre de riesgo) y que a su vez permita canalizar su poder adquisitivo hacia el sistema productivo, evitando así la aparición de indeseables recursos ociosos. Sin embargo, este razonamiento resulta problemático tanto en patrón oro como en moneda fiat.

Primero, es falso que la moneda fiat sea un activo libre de riesgo, ni desde un punto de vista individual ni desde un punto de vista agregado. Desde el punto de vista individual, ya vimos en el capítulo 1 que la moneda fiat sí llevaba aparejado un riesgo de impago. Pero además, desde un punto de vista agregado la emisión de nueva moneda fiat para financiar nuevas inversiones sí implica un importante riesgo económico: las estructuras productivas financiadas mediante el gasto estatal de la moneda fiat no tienen por qué ser estructuras productivas libres de riesgo (es decir, estructuras productivas que engendren con una alta probabilidad bienes y servicios valorados por los consumidores). Imaginemos una economía donde los ahorradores aumentan súbitamente su demanda de activos de bajo riesgo y, para proporcionárselos, el Estado imprime nueva moneda fiat que inyecta en la economía a través de calamitosos planes de negocio: en tal caso, si bien los ahorradores verán incrementada su tenencia de activos «libres de riesgo» (moneda fiat), la estructura productiva dentro de la cual esos ahorradores podrán realizar sus activos libres de riesgo (esto es, gastar la moneda fiat cuando deseen acceder con seguridad a los bienes y servicios que demandan) será una estructura productiva incapaz de proporcionarles con seguridad los bienes y servicios por ellos deseados.

Segundo, es asimismo falso que, en el patrón oro, el único activo con poco o nulo riesgo que tienda a ser demando por los ahorradores durante una depresión sea el propio oro. Existe al menos otro activo que actúa en este sentido como un sustitutivo muy cercano del oro: la deuda a muy corto plazo colateralizada por bienes de consumo presentes en alta demanda. Aunque el consumo agregado pueda reducirse durante una depresión, este tiende a ser bastante estable dentro de ciertos márgenes (en lo más hondo de la Gran Depresión estadounidense, entre 1929-1933, el consumo personal se redujo un 18%, lo que significa que un 82% del consumo personal no se vio afectado: la inversión, en cambio, se hundió un 90%). Lo anterior implica que las deudas a corto plazo cuyo repago está garantizado por esos bienes de consumo con una demanda muy inelástica constituyen un activo igualmente seguro, y alternativo al oro, en el que los agentes pueden invertir durante las depresiones (en realidad, el circuito más lógico es que inviertan en depósitos bancarios que los propios bancos destinarán a adquirir esas deudas a corto plazo y seguras): y esa inversión generalizada en deudas garantizadas por bienes de consumo permite reducir el coste de financiación de esos bienes de consumo y, por tanto, incrementar su producción. Nótese, además, que en este caso las estructuras productivas engendradas por esta clase de financiación sí serán estructuras productivas con muy bajo riesgo (que generarán bienes y servicios con una alta seguridad): simplemente se trata de darle un uso más intensivo a las industrias de bienes de consumo ya existentes para atender una demanda de bienes de consumo también existente entre los consumidores.

Tercero, en un sistema de moneda fiat, los agentes económicos también podrían emplear este tipo de activos a corto plazo y seguros (las deudas comerciales garantizadas por bienes de consumo en alta demanda) para salvaguardar su liquidez, sin que, por consiguiente, sea necesaria la emisión de moneda fiat para proporcionar un activo (falsamente) libre de riesgo. Ahora bien, en principio también sería admisible que, en ese contexto de aumento de la demanda de activos líquidos, el Estado incrementara su provisión de moneda fiat siempre y cuando la dedicara no a sufragar sus propios gastos, sino a financiar esas deudas privadas a corto plazo y seguras (esto es, el Estado podría actuar como un intermediario financiero emitiendo moneda fiat para descontar crédito comercial de calidad). No en vano, la ventaja de estas deudas no es solo que, como ya hemos expuesto, engendren estructuras productivas verdaderamente libres de riesgo, sino que, al vencer a muy corto plazo, el exceso de moneda fiat que haya impreso el Estado para financiarlas podría retirarse rápidamente del mercado (bastaría con dejar vencer las deudas privadas a corto plazo que han sido financiadas con la emisión de moneda fiat). Aun así, es menester admitir que, en tanto en cuanto este proceso de intermediación financiera queda en manos del Estado, su eficacia será sustancialmente inferior a la del patrón oro con un sistema de banca libre y descentralizada, motivo por el cual constituye un sistema monetario subóptimo frente a este último.

Por consiguiente, sí, incluso durante las depresiones y en presencia de recursos ociosos, la emisión de moneda fiat para sufragar los déficits públicos desplaza el ahorro privado al modificar, en una dirección casi siempre subóptima, la composición de la inversión en la que se hubiera manifestado ese ahorro privado en ausencia de deuda pública.

Capítulo IV

LAS PENSIONES PÚBLICAS SÍ PUEDEN QUEBRAR

Fraude mortalmente inocente 4: Las pensiones públicas están quebradas.

Réplica de Warren Mosler: El Estado siempre podrá pagar las pensiones públicas.

Realidad: El poder adquisitivo de los pensionistas sí corre grave riesgo en aquellos sistemas públicos de pensiones con una pirámide demográfica invertida.

El cuarto de los fraudes mortalmente inocentes que denuncia Warren Mosler es la frecuente admonición de que los sistemas públicos de pensiones de los países occidentales están quebrados en su mayoría y que, en consecuencia, deben ser privatizados para volverlos sostenibles. A este respecto, la réplica de Mosler es doble: por un lado, sostiene que no existe riesgo alguno de quiebra de las pensiones estatales, ya que uno puede concebir los pagos adeudados por el Estado a los jubilados como deuda pública previsional y, como ya vimos, Mosler opina que los Estados no pueden quebrar en la medida en que siempre puede imprimir la cantidad de dinero necesaria para amortizar sus deudas: «No existe ninguna restricción operativa para que la Seguridad Social pueda hacer frente a todos sus pagos en el momento debido». Por otro, Mosler opina que la solución real al problema de fondo de las pensiones públicas pasa por que haya suficiente producción futura como para atender las necesidades de los jubilados futuros y, para ello, no hay necesidad alguna de privatizar las pensiones, sino, más bien, de maximizar el gasto productivo presente. Nuevamente, el economista de la MMT comete diversos errores.

Sobre la primera réplica de Mosler, efectivamente un Estado con moneda fiat no puede quebrar si, por quiebra, entendemos el impago nominal de su deuda. Cuestión distinta es que, como ya expusimos, la moneda fiat sea, en el fondo, una deuda fiscal del Estado que sí puede impagarse en términos reales: en tal caso, la amortización de deuda pública a plazo con moneda fiat será, simplemente, una conversión de un pasivo estatal (deuda pública a plazo) en otro pasivo estatal (deuda fiscal/moneda fiat), y ese otro pasivo estatal sí puede impagarse en caso de que su valor de realización se diluya (como ya expusimos en el capítulo 1). No en vano, la consecuencia para los pensionistas de una depreciación de la moneda fiat en la que cobran sus pensiones sería idéntico al de sufrir una quita nominal en esas pensiones pero sin deteriorar el valor de la moneda fiat: a efectos prácticos, no hay diferencia entre recortar una pensión desde 1.000 dólares a 500 dólares y entre mantener su importe nominal en 1.000 dólares pero diluyendo su poder adquisitivo a 500 dólares. El propio Mosler reconoce, de hecho, que cobrar nominalmente el 100% de una pensión con un poder adquisitivo nulo no cubriría las necesidades de los pensionistas: «Si nuestros políticos comprenden algún día cómo funciona nuestro sistema monetario, se darán cuenta de que los problemas de fondo son la equidad social y tal vez la inflación, pero no la solvencia del Estado. En tal caso, se darían cuenta de que, si realmente desean que los pensionistas tengan una mayor renta, simplemente tienen que aumentar su pensión en el momento deseado, pero la cuestión seguirá siendo el nivel de consumo real del que estarán disfrutando los pensionistas con esa pensión. ¿Cuántos alimentos pueden comprar? ¿Cuánta vivienda? ¿Cuánta ropa? ¿Cuánta electricidad? ¿Cuánta gasolina? ¿Cuántos servicios sanitarios? Esa es la auténtica cuestión y, ciertamente, darles a nuestros jubilados una mayor cantidad de todos esos bienes significa que tendremos menos bienes disponibles para todos los otros ciudadanos. El verdadero coste de las pensiones es la cantidad de bienes que les entreguemos a los jubilados, y no el importe monetario de las pensiones, que no son más que anotaciones en las cuentas bancarias».

Así pues, en efecto, lo relevante para la sostenible evolución del sistema de pensiones no es que el Estado cuente con la capacidad para multiplicar la cantidad de moneda fiat, sino alcanzar una muy abundante disponibilidad de bienes futuros con la que, en parte, sostener el poder adquisitivo de los pensionistas. Mosler opina que la clave para garantizar esa abundancia de bienes futuros pasa por maximizar la capacidad productiva presente a través del gasto público y, en este sentido, critica a aquellos economistas que consideran que la sostenibilidad de las pensiones futuras requiere de la privatización del sistema y del recorte del gasto público presente para ahorrar de cara al pago futuro de las obligaciones previsionales. Al contrario, Mosler sostiene que la vía óptima pasa por mantener el sistema público de pensiones combinado con una activa política estatal de gasto conducente a maximizar nuestras capacidades productivas futuras. En este último sentido, el economista pone como ilustrativo ejemplo el gasto en educación: tratándose de un desembolso esencial para aumentar nuestra productividad futura, sería absurdo que el Estado lo recortara con la excusa de prepararse presupuestariamente para el pago de las pensiones futuras.

Pero, en esta segunda réplica, Mosler yerra nuevamente. Y es que el ahorro coercitivo de los trabajadores actuales que se destina a pagar las pensiones de los jubilados actuales dentro del sistema público no contribuye a mantener o a incrementar el stock de capital actual de una economía: es ahorro de los trabajadores que directamente pasa a ser consumido por los pensionistas. En un sistema de pensiones privado, en cambio, ese ahorro se transformaría en capital y las pensiones se sufragarían con el retorno de ese capital (con la mayor producción futura que permitiría alcanzar esos bienes de capital). Una sociedad es tanto más rica cuanto más capital ha logrado acumular y, en contra de lo que parece querer reconocer Mosler, la acumulación de capital se maximiza con un sistema privado de pensiones, pues los incentivos están alineados para ello.

Así, por ejemplo, uno de los mayores críticos modernos de los sistemas privados de pensiones, Nicholas Barr, afirma que el problema de fondo de todo sistema de pensiones es la demografía y que la única vía para contrarrestar los efectos pauperizadores de una demografía de pirámide invertida es aumentar la producción futura potenciando los siguientes seis puntos de todo sistema económico: a) mejora de las disponibilidades de capital productivo, avanzando especialmente hacia la robotización, b) aumento del capital humano, c) fomento de la natalidad, d) retraso de la edad de jubilación, e) aumento de la inmigración, f) inversión del ahorro nacional en otros países con perfiles demográficos expansivos (Barr 2002). El asunto clave que Barr, y Mosler, parecen no querer reconocer cuando critican los sistemas privados de capitalización es que todos esos catalizadores de unas mayores pensiones futuras se potencian más adecuadamente dentro de un sistema privado que en uno estatal: la disponibilidad de capital (tanto para financiar nueva maquinaria como para dotar de mayor formación a los trabajadores) es más abundante gracias al mayor ahorro de los trabajadores; el momento de la jubilación de cada trabajador se adapta dinámicamente a las condiciones de la economía en lugar de tener que someterse a un populista proceso de negociación política; la inmigración afluye naturalmente a aquellas zonas del planeta con una mayor dotación de capital por trabajador (y, por tanto, con salarios mayores); el ahorro nacional se distribuye naturalmente hacia aquellos mercados extranjeros más rentables (y uno de los motivos de su mayor rentabilidad puede ser su perfil demográfico expansivo); y la natalidad se potencia en aquellas sociedades donde las condiciones de jubilación dependen parcialmente de la cantidad de hijos que uno tenga (a mayor número de hijos, más salarios futuros que pueden coadyuvar a la digna jubilación de su padre: esto es, en parte los hijos son un activo familiar) en lugar de depender de la cantidad de hijos *que tengan los demás* (en jerga económica diríamos que los sistemas públicos de pensiones convierten la natalidad en una externalidad positiva no internalizable).

Es verdad que, tal como suele objetarse, la privatización de las pensiones solo generaría, una vez completada, una adición de una vez en el stock de capital de una economía (ya que, posteriormente, la mayor parte del ahorro de las nuevas generaciones de trabajadores debería destinarse simplemente a reponer o amortizar el stock de capital recién incrementado), pero esta perspectiva macroeconómica resulta tremendamente simplista y reduccionista. La reinversión del capital dentro de una economía nunca se produce en las mismas condiciones que en el pasado debido a que nos movemos en entornos dinámicos y mutantes: el paso del tiempo abre la puerta a nuevas inversiones complementarias y económicamente más productivas que las pretéritas. De ahí que no sea en absoluto baladí que el sector privado maneje un mayor o menor porcentaje de capital total dentro de una economía (porcentaje que se incrementa con la privatización de las pensiones públicas): los empresarios son los agentes que, a través del cálculo económico competitivo que solo es posible en un mercado libre, dan de continuo el uso más eficiente conocido a los factores productivos. Por tanto, la reinversión no es solo es reproductiva: también es netamente productiva.

Lo contrario sería tanto como suponer que una economía socialista puede funcionar tan bien como una economía capitalista simplemente porque el gasto agregado en inversión podría ser idéntico en ambas. Pero no: una economía socialista es un sistema descoordinado que realiza continuamente inversiones antieconómicas y ruinosas mientras que un sistema capitalista es uno donde existe una tendencia –con sus más que frecuentes errores– a dar el uso más económico y productivo posible a los siempre escasos recursos. Por ejemplo: puede que, como dice el propio Mosler, invertir en educación sea importante para mejorar nuestra capacidad productiva futura pero, ¿qué significa «invertir en educación»? ¿Conoce Mosler qué capital exacto es óptimo invertir en cada tipo específico de educación? ¿O en qué disciplinas, con qué método docente y empleando qué equipo técnico estamos formando mejor a las generaciones futuras? Recordemos que gastar más en unas áreas implica gastar menos en otras: ¿cómo sabe Mosler que incrementar las plazas en la carrera de Derecho que ofrecen las universidades madrileñas resulta más conveniente que montar un laboratorio dirigido a desarrollar automóviles autoconducidos que le hagan la competencia a Google? Simplemente no lo sabe: ni él, ni nadie. Solo a través de la libre competencia dentro del mercado puede llegar a obtenerse una respuesta a tales preguntas. Mosler, al pensar en términos agregados (el gasto total es lo relevante para maximizar la producción total), pasa por alto que el elemento crucial dentro de cualquier economía es esta asignación competitiva de recursos escasos hacia los fines más valiosos: por consiguiente, no es irrelevante qué porcentaje de los recursos totales de una economía estén siendo utilizados para generar riqueza dentro del mercado (los recursos copados por el sistema de pensiones estatal quedan fuera de ese proceso social de generación de riqueza).

Con todo, Mosler no solo descalifica a los defensores de las pensiones privadas por propugnar un sistema que a su juicio es subóptimo, sino también porque, según afirma, las propuestas de transición para privatizar las pensiones públicas son contradictorias en sí mismas. Así, según denuncia Mosler, el plan más habitual de privatización de las pensiones públicas –consistente en, por un lado, eliminar las cotizaciones sociales de los trabajadores más jóvenes para que comiencen a ahorrar de cara a su jubilación y, por otro, en emitir deuda pública para seguir pagando las pensiones de los jubilados actuales– no modificaría en absoluto la situación en la que nos hallamos ahora mismo: lo único que sucedería con este plan es que un grupo de ahorradores (los trabajadores en activo que pasan a no cotizar para la Seguridad Social) dejaría de estar invertido en deuda pública (pues Mosler entiende acertadamente el hecho de cotizar a la Seguridad Social como equivalente a comprar coactivamente deuda estatal de carácter previsional) para comenzar a estar invertido en acciones bursátiles, al tiempo que otro grupo de ahorradores (los capitalistas que antes de la privatización de la Seguridad Social compraban acciones bursátiles) comenzaría a comprar la deuda pública que emite el Estado para financiar la privatización de la Seguridad Social; es decir, antes de la privatización, el ahorro de los capitalistas habría ido a parar a la bolsa y el de los trabajadores a la Seguridad Social y después de la privatización tan solo se invierten los papeles entre ambos. ¿Qué sentido tiene, entonces, proceder a la privatización?

En realidad, sin embargo, con estas propuestas de transición sí se producen varias mutaciones mucho más decisivas de lo que Mosler quiere reconocer. Primero, la privatización de la Seguridad Social implica que el Estado reconoce las obligaciones financieras que ha devengado hasta ese momento en favor de los trabajadores en activo (las reconoce emitiendo deuda pública); segundo, a partir del momento en el que los trabajadores en activo se salen del sistema de Seguridad Social, el Estado *deja* de contraer nuevas obligaciones con esos trabajadores (es como si dejara de emitir *nueva* deuda pública); y tercero, es verdad que a corto o medio plazo, la distribución agregada del ahorro no se modificará (el mix de ahorro canalizado al sector público y al sector privado no cambia), pero a largo plazo (cuando la deuda pública emitida se haya amortizado y todos los trabajadores se encuentren fuera del sistema de Seguridad Social) el Estado dejará de absorber unos recursos que, como hemos visto, podrán mantenerse enteramente dentro del sector privado productivo.

En definitiva, los sistemas estatales de pensiones son una forma de deuda pública que puede ser impagada en términos reales. La mejor forma de maximizar las pensiones futuras es maximizando la acumulación de capital empresarialmente invertido dentro de una economía y eso solo se logra a través de sistemas privados de pensiones en un entorno de mercados libres y competitivos. En el fondo, pues, este fraude mortalmente inocente 4 es solo una aplicación al sistema de pensiones del fraude mortalmente inocente 3 que ya tuvimos ocasión de criticar en el capítulo anterior: a saber, que, en contra de lo que defiende Mosler, el endeudamiento público sí absorbe y dilapida el ahorro privado.

CAPÍTULO V

LOS DÉFICITS EXTERIORES NOS ENDEUDAN CON EL EXTRANJERO

Fraude mortalmente inocente 5: Los déficits comerciales son un desequilibrio insostenible que reduce la producción y el empleo interno.

Réplica de Warren Mosler: Las importaciones deben ser vistas como beneficios para una economía nacional y las exportaciones como sus costes. Los déficits comerciales incrementan la calidad de vida de un país. El empleo interno se reduce porque los impuestos son demasiado elevados para un determinado nivel de gasto público y no por los déficits comerciales.

Realidad: Todo déficit exterior implica endeudarse con el extranjero y, en la medida en que todo endeudamiento puede alcanzar niveles excesivos e insostenibles, el endeudamiento exterior también puede ser excesivo e insostenible.

El quinto fraude mortalmente inocente que critica Warren Mosler se refiere a los déficits comerciales. En EE.UU., y muchas otras economías, numerosos políticos y economistas de formación mercantilista se rasgan regularmente las vestiduras a propósito de los gigantescos déficits exteriores que su país mantiene con China: a juicio de estos políticos y economistas, este desequilibrio exterior destruye la producción y el empleo local de EE.UU. Mosler se opone a esta errónea visión mercantilista pero, por desgracia, lo hace recurriendo a tres argumentos igualmente equivocados.

En primer lugar, el economista de la MMT establece la máxima de que toda economía debería tratar de maximizar su déficit comercial, pues ello equivale a consumir del extranjero sin pagar, esto es, a que los países de nuestro entorno nos regalen bienes y servicios (importar es el equivalente a comprar y exportar es el equivalente a pagar): «La verdadera riqueza de una nación se halla en todo lo que produce y se queda para sí misma, más lo que importa menos lo que exporta. Un déficit comercial incrementa nuestros niveles reales de vida. No podría ser de otro modo. Por eso, cuanto más elevado sea el déficit comercial, tanto mejor». Mosler, de hecho, llega a equipar los déficits exteriores crónicos con las transferencias en concepto de reparaciones militares: a su juicio, que un país A esclavice a otro país B, obligándole a producir bienes para su goce y disfrute, es muy parecido a que ese país A le compre productos al país B y el país B no le compre productos al país A (déficit comercial del país A): «Clarifiquemos mi argumento: si, por ejemplo, el general MacArthur hubiese decretado tras la II Guerra Mundial unas reparaciones militares de Japón en favor de EE.UU. consistentes en que los japoneses debieran enviarnos a los estadounidenses dos millones de vehículos anuales sin recibir nada a cambio, se habría generado un escándalo internacional a cuenta de la explotación estadounidense de sus territorios ocupados (...) Pues bien, MacArthur no impuso nada parecido a esto, pero lo cierto es que, durante los últimos 60 años, los japoneses nos han estado enviando dos millones de vehículos anuales y nosotros no les hemos remitido nada a cambio. Y, sorprendente, la gente tiende a pensar que los japoneses nos están ganando la "guerra comercial" y que nosotros la estamos perdiendo. Pero nosotros tenemos los automóviles y ellos solo tienen una cuenta corriente en la Fed que les indica cuántos dólares hay dentro».

En segundo lugar, Mosler también niega que los déficits comerciales deban ser financiados por el ahorro del país acreedor. Por ejemplo, si un ciudadano estadounidense carece de ahorros y quiere comprar un automóvil fabricado en China, lo que hará será pedir un préstamo a un banco de EE.UU. y, con la línea de crédito obtenida en EE.UU., adquirir el coche al fabricante chino: «Todos los agentes están felices. El comprador prefiere tener el coche antes que el depósito en dólares, o en caso contrario no lo habría comprado. El fabricante chino prefiere tener los dólares al coche, o no lo habría vendido. Y el banco quiere tener préstamos y depósitos, o no los habría creado. No hay desequilibrio alguno». En otras palabras, los estadounidenses no necesitan pedir prestados capitales a China para sufragar su déficit comercial.

Por último, no es que Mosler niegue que la importación de bienes desde el extranjero no pueda arruinar a algunas industrias estadounidenses e incrementar el desempleo doméstico, es que considera que en tales casos el Estado podría recurrir a la imprenta para fabricar nueva moneda fiat con la que aumentar la demanda interna y, por tanto, la producción y el empleo en industrias distintas a las que compiten con los bienes importados.

El error conjunto que comparten estos tres argumentos de Mosler es el mismo: considerar que los déficits comerciales no suponen una deuda con el exterior y que, por tanto, su cuantía puede incrementarse ilimitadamente sin consecuencias negativas para la economía nacional (conviene remarcar que, aunque en lo sucesivo hablemos de déficit comercial siguiendo la terminología de Mosler, sería más correcto referirnos a déficit exterior o, al menos, a un déficit comercial que no se ve compensado por saldos superavitarios en las otras balanzas que conforman la cuenta corriente y de capital). Porque, en efecto, Mosler acierta cuando dice que no todo déficit comercial es necesariamente negativo, pero no lo es por los mismos motivos por los que endeudarse tampoco es necesariamente negativo: porque el endeudamiento (y los déficits exteriores, que son una forma de acumular deuda) pueden mejorar el bienestar presente o futuro del agente que se endeuda. Ahora bien, dado que no es cierto que todo endeudamiento sea necesariamente positivo, por esas mismas razones habremos de concluir que, en contra de lo que sostiene el economista de la MMT, no todo déficit comercial es siempre positivo: si una economía se endeuda insosteniblemente para comprar bienes extranjeros, terminará colapsando (al igual que sucedería si esa economía se endeudara insosteniblemente para comprar bienes nacionales: en el fondo, la nacionalidad del producto es irrelevante a este respecto).

Mosler es incapaz de comprender este último punto porque, como decimos, parte de la errónea base de que el déficit comercial no requiere de endeudamiento con el extranjero. En este sentido, su comparación de los déficits comerciales con las reparaciones de guerra es muy ilustrativa de su grado de confusión. Las reparaciones de guerra son transferencias unilaterales y *definitivas* de bienes de una economía a otra: si un país esclavista obliga a otro país esclavizado a producir vehículos en régimen de esclavitud, el primero se apropia de los automóviles y el segundo se queda sin nada.

País esclavista en t=0

Activo	Pasivo
$1.000.000 Derecho a reparaciones militares	Fondos propios $1.000.000

País esclavizado en t=0

Activo	Pasivo
$10.000.000 Propiedades varias	Fondos propios $9.000.000 Deuda de reparaciones militares $1.000.000

País esclavista en t=1

Activo	Pasivo
$1.000.000 Propiedades varias procedentes del país esclavizado ~~$1.000.000 Derecho a reparaciones militares~~	Fondos propios $1.000.000

País esclavizado en t=1

Activo	Pasivo
$9.000.000 Propiedades varias	Fondos propios $9.000.000 ~~Deuda de reparaciones militares $1.000.000~~

Los déficits comerciales, en cambio, son intercambios aplazados entre dos agentes económicos, esto es, uno de ellos compra hoy y *paga mañana*, mientras que el otro vende hoy y *cobra mañana:* si EE.UU. le compra automóviles a China a cambio de un depósito en dólares, EE.UU. se apropia de los automóviles y China se queda con *derechos de cobro futuros* contra EE.UU. Dicho de otra manera, si EE.UU. estuviera esclavizando a China, no le debería nada; como no lo está haciendo, sí le debe.

País acreedor en t=0

Activo	Pasivo
$9.000.000 Propiedades varias $1.000.000 Crédito exterior contra el país deudor	Fondos propios $10.000.000

País deudor en t=0

Activo	Pasivo
$1.000.000 Propiedades varias del país acreedor	Deuda en favor del país acreedor $1.000.000

La diferencia entre ambos procesos es, pues, crucial: las transferencias de bienes del país esclavizado al país esclavista constituyen pérdidas *definitivas* para el primero y ganancias *definitivas* para el segundo; en cambio, las transferencias de bienes del país acreedor al país deudor constituyen meras ventas cuyo pago se diferiere en el tiempo, por lo que el país acreedor no se empobrece (adquiere un derecho de cobro contra el país deudor).

Y, evidentemente, dado que el país acreedor transfiere bienes sin cobrarlos durante un tiempo, es el país acreedor el que está financiando el endeudamiento del país deudor. Mosler tampoco comprende este punto ya que cuando un estadounidense le pide un préstamo a su banco local y con él adquiere una mercancía a una empresa china, en apariencia quien está financiando la operación es el banco estadounidense y no ningún ahorrador chino: por tanto, y de nuevo en apariencia, ni se necesitaría ahorro chino para que EE.UU. acumulara déficits comerciales con China ni, una vez acumulados, existiría deuda viva alguna de EE.UU. con China. Pero ambos razonamientos son erróneos. El país acreedor financia inexorablemente los déficits comerciales del país deudor desde el momento en que alguno de sus residentes acepta venderle sus mercancías a un agente económico residente en el extranjero *y no cobrarle durante un tiempo*. Vender sin cobrar es ahorrar y proporcionar financiación: se renuncia a la disposición de ciertos bienes sin recibir *durante un tiempo* otros a cambio. Por tanto, pese a las apariencias, quien está proporcionando realmente financiación a la operación anterior no es el banco estadounidense, sino la empresa china. De hecho, el concesionario chino se convierte en acreedor del banco estadounidense que, según Mosler, había financiado la operación: y ser acreedor de un agente económico (en este caso, del banco estadounidense) equivale a proporcionarle financiación a ese agente económico (mientras no se cobra la deuda, el deudor recibe financiación del acreedor). Contablemente, la operación es análoga a que el concesionario chino le proporcione un crédito al banco estadounidense para que éste, a su vez, pueda concederle un crédito al consumidor estadounidense con el cual éste termina adquiriéndole el automóvil al concesionario chino:

Consumidor de EE.UU. en t=0

Activo	Pasivo
$50.000 C/c en el banco de EE.UU.	Deuda con el banco de EE.UU. $50.000

Banco de EE.UU. en t=0

Activo	Pasivo
$50.000 Crédito al consumo contra el consumidor en EE.UU.	C/c en favor de consumidor de EE.UU. $50.000

Concesionario de China en t=0

Activo	Pasivo
$50.000 Automóvil	Fondos propios $50.000

Consumidor de EE.UU. en t=1

Activo	Pasivo
$50.000 Automóvil	Deuda con el banco de EE.UU. $50.000

Banco de EE.UU. en t=1

Activo	Pasivo
$50.000 Crédito al consumo contra el consumidor en EE.UU.	C/c en favor del concesionario de China $50.000

Concesionario de China en t=1

Activo	Pasivo
$50.000 C/c contra el banco de EE.UU.	Fondos propios $50.000

A este respecto, Mosler invierte los términos, pues, como decimos, en su opinión los estadounidenses no necesitan del ahorro chino para financiarse, sino que son los chinos quienes necesitan de los estadounidenses para adquirir activos financieros denominados en dólares: «Son los extranjeros los que dependen de nuestra creación interna de crédito para financiar su deseo de poseer activos denominados en dólares». La frase, empero, es un sinsentido. En toda transacción ambas partes se necesitan mutuamente para que esa transacción pueda llegar a existir. Los chinos necesitan a los estadounidenses para disponer de activos denominados en dólares y los estadounidenses necesitan que los chinos estén dispuestos a ahorrar en activos denominados en dólares. Es como decir que un vendedor necesita al comprador para vender: sí, y un comprador necesita al vendedor para comprar.

La clave del asunto, empero, es que no existe ningún automatismo que obligue a los extranjeros a aceptar deudas nacionales como medio de pago (ya sea monedat fiat nacional o deudas de bancos nacionales denominados en moneda fiat nacional). Y por «aceptar» me refiero no solo a que un comerciante extranjero tenga a bien cobrar mediante depósitos denominados en moneda fiat nacional, sino que inmediatamente después de cobrar en ese activo financiero no lo utilice para adquirir mercancías nacionales: en caso contrario, no habría ni crédito extranjero ni, por definición, déficit comercial alguno (el déficit comercial se produce porque los extranjeros aceptan ahorrar en forma de activos nacionales en lugar de cobrarse sus créditos con la adquisición de bienes y servicios nacionales). Así pues, que no exista tal automatismo significa que el extranjero podría negarse a ahorrar en moneda fiat nacional de dos maneras: a) o bien negándose a aceptarla como medio de pago o aceptándola solo a cambio de enormes descuentos (cosa que sucede en las depreciaciones exteriores del valor de la divisa), en cuyo caso la importación desde el extranjero se vuelve imposible o prohibitiva para la economía nacional; b) o bien negándose a mantener esa moneda fiat entre sus saldos de tesorería y utilizándola para comprar bienes a la economía nacional, en cuyo caso esta economía nacional tendrá que exportar tales bienes y eso, en los propios términos de Mosler, equivale a *pagar* por las importaciones previas. Es el ahorro extranjero, pues, el que permite financiar los déficits comerciales que, repetimos, son solo una forma de endeudarse con el extranjero (cobrar sin pagar de inmediato): y, como endeudamiento con el extranjero que son, por supuesto que pueden acumularse en cantidades insostenibles y desequilibrantes (con las consabidas consecuencias que puede conllevar el exceso de endeudamiento: ciclos económicos, defaults generalizados, malas inversiones internas, consumo de capital, recesión de balances por sobreapalancamiento, contracciones secundarias...). Incrementar los déficits exteriores –y, por tanto, el endeudamiento exterior– hasta el infinito no equivale a maximizar el bienestar de la economía nacional.

Por último, conviene apuntar que Mosler tampoco acierta a la hora de explicar por qué la destrucción de empleo que pueda acarrear un déficit comercial (o, más en general, las importaciones que compiten con las mercancías nacionales) no debería ser motivo de preocupación. Según el economista de la MMT, el gasto público financiado con impresión de moneda fiat permitiría incrementar el gasto interno, la producción interna y, por tanto, el empleo interno. Pero no: arrastrar a la economía nacional a producir cualquier cosa al socaire de «planes de estímulo» estatales no incrementa la riqueza interior. Si las importaciones no son perjudiciales para la economía nacional es simplemente porque empujan a esa economía nacional a integrarse en un escenario de división del trabajo mucho más amplio: el internacional. No se trata de que la economía nacional produzca cualquier cosa, sino de que ésta se coordine con el resto de industrias internacionales: y para ello algunas empresas locales tendrán que desaparecer y otras tendrán que crecer o crearse desde cero.

En definitiva, es verdad que los modernos mercantilistas se equivocan al demonizar los déficits comerciales, pero Mosler también yerra al negar de plano que puedan ser problemáticos. Y yerra, fundamentalmente, por no tratarlos como lo que son: una forma de endeudarse con el extranjero que, por necesidad, requiere del ahorro extranjero para ser financiado. El problema de Mosler es que su modelo económico –como, en general, todo el marco de pensamiento keynesiano– requiere presuponer que la inversión no necesita de ahorro previo para ser financiada sino que, por el contrario, es el gasto en inversión el que genera endógenamente el ahorro necesario para financiarse. Esta obsesión, que le conduce a extremos ridículos como negar la necesidad de ahorro extranjero para financiar los déficits exteriores de un país, constituye justamente el objeto de su sexto fraude mortalmente inocente.

CAPÍTULO VI

EL AHORRO HA DE PRECEDER NECESARIAMENTE A LA INVERSIÓN

Fraude mortalmente inocente 6: Necesitamos de ahorro para financiar la inversión.

Réplica de Warren Mosler: La inversión crea el ahorro.

Realidad: La inversión con un determinado perfil temporal y de riesgo no crea necesariamente el ahorro con ese mismo perfil temporal y de riesgo.

Si el tercer fraude mortalmente inocente consistía en negar que los déficits públicos absorbieran el ahorro privado, en este sexto fraude Mosler va un poco más allá: el ahorro es irrelevante para financiar la inversión porque es el gasto en inversión el que crea el ahorro. Según él mismo establece: «el ahorro es el registro contable de la inversión». El mito de que la inversión necesita del ahorro podría resultar inocuo, según Mosler, si no fuera por dos perversísimos efectos derivados de promover el ahorro con tal de incentivar la inversión.

El primero de estos dos nocivos efectos es la llamada «paradoja del ahorro» que ya analizamos en el capítulo 3: según Mosler, si un agente económico intenta ahorrar una porción de su renta reduciendo sus gastos, entonces parte de las mercancías que habrán sido producidas por los empresarios quedarán invendidas, lo que les ocasionará pérdidas y les llevará a recortar el empleo y, por tanto, la renta y el ahorro de otros trabajadores: «La paradoja del ahorro establece que las decisiones de ahorrar por la vía de recortar la porción que gastamos de nuestra renta termina reduciendo las rentas y el ahorro. Análogamente, las decisiones de gastar por encima de nuestra renta –esto es, de gastar endeudándonos– provocan un incremento de las rentas que pueden generar un aumento de la inversión y del ahorro». La paradoja del ahorro ya fue objeto de refutación en el capítulo 3, así no vale la pena insistir en ella: básicamente, toda renta se termina manifestando en consumo o en inversión (incluyendo en la definición de inversión los saldos de tesorería o sus sustitutivos cercanos), de manera que el único problema de coordinación económica que puede darse es que la oferta específica de bienes de consumo o de inversión no coincida con la demanda específica de bienes de consumo o de inversión, pero en tal caso será la oferta la que tenga que reajustarse a la demanda. Las únicas rentas que se destruyen, pues, son las de los productores no adecuadamente adaptados a la demanda del mercado. Sin embargo, en este capítulo Mosler sí introduce otra idea que no tratamos en el capítulo 3 y que conviene analizar con más detalle: cuando los agentes gastan por encima de su renta, generan el ahorro necesario para financiar ese sobregasto. Es lo que se conoce como «multiplicador de la inversión».

El segundo perjuicio que deriva, según Mosler, de este sexto fraude mortalmente inocente es que todas esas ingentes cantidades de ahorro que los ciudadanos se afanan por acumular son finalmente colocadas en manos de gestores financieros que perciben cuantiosas comisiones. Gracias a ello, una parte creciente de los factores productivos de la economía occidentales se van concentrando en la estéril tarea de «administrar el ahorro»: es lo que se conoce como financiarización de la economía. Mosler estima que actualmente el 20% del PIB estadounidense está siendo dilapidado en labores de administración financiera y que, por consiguiente, los factores productivos inmovilizados en esa industria inútil podrían alternativamente estar fabricando bienes y servicios valiosos en otras partes de la economía: «Este fraude socava todo el sistema económico, ya que traslada recursos desde los sectores productivos a los sectores financieros, administrándose la inversión real de un modo totalmente opuesto al interés público. Estimo que este fraude mortalmente inocente podría estar minorando cada año el 20% de la producción con utilidad y el empleo: una cifra asombroso sin parangón en la historia de la humanidad».

Como de costumbre, Mosler yerra tanto en su descripción del fenómeno –«la inversión crea el ahorro» a través del «multiplicador de la inversión»– como en los supuestos perjuicios derivados de no hacer caso a sus enseñanzas (la «paradoja del ahorro» y la «financiarización» de la economía).

La inversión no crea el ahorro

Mosler define ahorro como «el registro contable de la inversión» y justamente ahí reside su primer error. Por identidad contable, el activo siempre es igual al pasivo (incluyendo dentro de la definición de pasivo a los fondos propios). Si el activo aumenta (si la inversión aumenta), el pasivo también lo hará (el ahorro propio o ajeno también lo hará). Es por este motivo por el que Mosler afirma que la inversión crea el ahorro: porque sobre el balance contable (también en la contabilidad nacional), todo aumento del activo conlleva un incremento del pasivo (se trata, como decimos, de una necesaria identidad contable). Desafortunadamente, esta visión del ahorro y de la inversión resulta extremadamente reduccionista y engañosa.

Primero porque, como ya expusimos en el capítulo 3, Mosler confunde ahorro nominal y ahorro real, esto es, confunde el aumento de valor de los activos (aumento del ahorro nominal) con el aumento en la disponibilidad de factores productivos capaces de generar renta futura (aumento del ahorro real). Recordemos que ahorrar en términos reales equivale a reducir el consumo durante un período de tiempo para que los factores que se habrían dedicado a satisfacer esa demanda de consumo puedan orientarse a ejecutar otras inversiones productivas: y, en este sentido, no toda revalorización de un activo –por mucho que vaya de la mano de un incremento del pasivo– supone una restricción del consumo. Por ejemplo, imaginemos que, debido a una burbuja inmobiliaria, el precio de los locales comerciales se triplica y que esa revalorización se refleja en la contabilidad merced a una actualización de balances: en tal caso, una compañía con un local comercial valorado en un millón de dólares se anotaría un aumento de los fondos propios de dos millones de dólares. ¿Significa ello que ha aumentado la disponibilidad de factores productivos para ser invertidos? No necesariamente: los factores productivos disponibles para ser invertidos pueden seguir siendo los mismos que antes por mucho que el piso tenga un mayor valor de mercado. En suma, no todo aumento del ahorro monetario constituye un aumento del ahorro real: en caso contrario, estaríamos confundiendo la inflación con el ahorro.

Empresa en t=0

Activo	Pasivo
$1.000.000 Local comercial	Fondos propios $1.000.000

Empresa en t=1

Activo	Pasivo
$3.000.000 Local comercial	Fondos propios $3.000.000

Y segundo porque, aun cuando sobre el balance un aumento de la inversión (del activo) conlleve un aumento del ahorro (del pasivo), la contabilidad refleja de manera muy incompleta el perfil temporal del ahorro y de la inversión. Por ejemplo, sobre el balance, una deuda de un millón de dólares a un año sirve perfectamente para financiar un préstamo de un millón de dólares a 200 años. Ahora bien, en términos económicos no puede sentenciarse que todo el período de inversión esté cubierto por todo el período de ahorro: el período de tiempo durante el cual se van a producir los bienes futuros que amorticen la inversión (vencimiento del activo a 200 años) no coincide con el período de tiempo durante el que se ha renunciado a consumir (vencimiento del pasivo a un año).

Empresa en t=0

Activo	Pasivo
\$1.000.000 Inversión a 200 años	Deuda a un año \$1.000.000

Por consiguiente, que contablemente la inversión pueda crear el ahorro no significa ni mucho menos que económicamente lo haga: para ello, el periodo de tiempo que van a tardar en producirse los bienes futuros (la inversión) debería coincidir con el período de tiempo durante el que se renuncia a disfrutar de esos bienes futuros (el ahorro). Precisamente, lo que suelen hacer los bancos que cuentan con prebendas estatales es desajustar los perfiles de inversión de sus acreedores y los perfiles de ahorro de sus deudores: extienden préstamos a largo plazo (hipotecas o préstamos empresariales) creando depósitos a corto plazo. Pero eso no significa que los bancos creen ahorro al invertir, sino que descoordinan ahorro e inversión al no cuadrar los plazos (y en muchas ocasiones también los perfiles de riesgo) de ambas magnitudes financieras.

Banco

Activo	Pasivo
\$500.000 Hipoteca	Depósito a la vista \$500.000

Mosler, de hecho, nos proporciona, sin ser consciente de ello, un magnífico ejemplo de esta descoordinación entre el perfil temporal del ahorro y el perfil temporal de la inversión a través de la intermediación bancaria: «Supongamos que todo el mundo quiere comprarle a nuestra industria automovilística nuevos coches híbridos. Dado que la industria no puede producir ahora mismo tantos coches nuevos, se endeudaría para contratar a trabajadores estadounidenses con la finalidad de construir nuevas fábricas que permitan atender la demanda. Por consiguiente, todos nosotros nos pondríamos a trabajar en la construcción de nuevas plantas y bienes de equipo –bienes de capital– mientras se nos paga. Sin embargo, por el momento no habría nada que comprar, de manera que necesariamente tendríamos que "ahorrar" nuestro dinero para el día en que los automóviles abandonaran las cadenas de montaje. La decisión de gastar en más coches se traduce en menos gasto y más ahorro. Y los fondos dirigidos a producir bienes de capital –fondos que constituyen la inversión real– crean una cantidad equivalente de ahorro».

Repasemos el paradigmático caso que nos ofrece Mosler. Si la empresa automovilística pide un crédito al banco para aumentar su inversión, el banco tiene dos opciones: o concederle ese crédito emitiendo deuda a largo plazo o concedérselo creando nuevos depósitos a la vista. En el primer caso, el banco está coordinando ahorro e inversión: los consumidores adquieren esos bonos a largo plazo (ahorran a largo plazo), por lo que renuncian a consumir hasta que la inversión de la automovilística haya madurado en forma de coches híbridos (esto es, el ahorro a largo plazo financia la inversión a largo). En el segundo caso, el banco descoordina ahorro e inversión: la empresa obtiene financiación sin que nadie haya ahorrado a largo plazo y, con esa financiación a largo plazo que no emerge del ahorro a largo plazo, puja por contratar a largo plazo a los factores productivos.

Representemos contablemente ambos casos, simplificando un poco los supuestos en aras de facilitar su exposición a través de balances. Supongamos que tenemos un grupo de trabajadores que pueden vender sus servicios laborales totales por 1.750.000 dólares al año y, a su vez, la economía cuenta con dos tipos de industrias: las de bienes de consumo (industrias C) y las de bienes de capital (industrias K). Los trabajadores cobran en especie (es decir, en mercancías, no en dinero: si bien usaremos el dinero como unidad de cuenta) y no cobran por anticipado, sino al finalizar el período productivo: eso significa que en esta economía no habrá propiamente capitalistas y que, por tanto, toda la producción irá a parar a los salarios de los trabajadores (no habrá rentas que afluyan a los capitalistas). Bajo estas premisas, supongamos que la industria de bienes de consumo contrata servicios laborales anuales valorados en un millón de dólares y que, por el contrario, la industria de bienes de capital contrata durante dos años servicios laborales valorados en 750.000 dólares al año (1.500.000 dólares pagaderos al finalizar los dos años). En tal caso, los balances al comenzar el primer año serían:

Industrias C en t=0

Activo	Pasivo
$1.000.000 Servicios laborales a un año	Deuda salarial a un año $1.000.000

Industrias K en t=0

Activo	Pasivo
$1.500.000 Servicios laborales a dos años	Deuda salarial a dos años $1.500.000

Trabajadores en t=0

Activo	Pasivo
$1.000.000 Crédito salarial a un año con las industrias C $1.500.000 Crédito salarial a dos años con las industrias K	Fondos propios $2.500.000

Terminado el primer año, las industrias de consumo saldarían su deuda salarial entregándoles a los trabajadores las mercancías

C recién producidas y, a su vez, volverían a contratar a esos trabajadores para el año siguiente. A su vez, las industrias de bienes de capital habrían obtenido, merced a los servicios laborales contratados durante el primer año, unos productos semiterminados que, dentro de un año, se transformarán en la mercancía K y, además, verían reducir el plazo de vencimiento de su deuda salarial en un año. Si asumimos que los trabajadores consumen la totalidad de las mercancías C nada más ser adquiridas, tendríamos que los balances quedarían del siguiente modo:

Industrias C en t=1

Activo	Pasivo
~~$1.000.000 Mercancías C~~ $1.000.000 Servicios laborales a un año	~~Deuda salarial $1.000.000~~ Deuda salarial a un año $1.000.000

Industrias K en t=1

Activo	Pasivo
$750.000 Productos semiterminados $750.000 Servicios laborales a un año	Deuda salarial a un año $1.500.000

Trabajadores en t=1

Activo	Pasivo
$1.000.000 Crédito salarial a un año con las industrias C $1.500.000 Crédito salarial a un año con las industrias K	Fondos propios $2.500.000

Y transcurridos los dos años, el ciclo en la industria C volvería a repetirse íntegramente; mientras que en la industria K, la deuda salarial de dos años se saldaría con la entrega de la mercancía K y, a su vez, volverían a contratar a los trabajadores para los próximos dos años, reiniciando el ciclo productivo de la mercancía K:

Industrias C en t=2

Activo	Pasivo
~~$1.000.000 Mercancías C~~ $1.000.000 Servicios laborales a un año	~~Deuda salarial $1.000.000~~ Deuda salarial a un año $1.000.000

Industrias K en t=2

Activo	Pasivo
~~$1.500.000 Mercancía K~~ $1.500.000 Servicios laborales a dos años	~~Deuda salarial $1.500.000~~ Deuda salarial a dos años $1.500.000

Trabajadores en t=2

Activo	Pasivo
$1.000.000 Crédito salarial a un año con las industrias C $1.500.000 Crédito salarial a dos años con las industrias K	Fondos propios $2.500.000

Ambos ciclos productivos han concluido satisfactoriamente porque ambas inversiones estaban completamente financiadas por un ahorro a idéntico plazo, esto es, por un correspondiente diferimiento del consumo por parte de los trabajadores implicados (de un año en el caso de las industrias de bienes de consumo; de dos años en el caso de las industrias de bienes de capital).

Modifiquemos ahora estos supuestos para analizar si, como dice Mosler, la inversión genera automáticamente el ahorro: supongamos que la industria K, lejos de contratar a los trabajadores durante dos años prometiéndoles pagarles sus salarios al cabo de ese período, opta por iniciar esta inversión a dos años contratando a los trabajadores únicamente por uno y prometiéndoles el abono de su salario también al cabo de ese año:

Industrias C en t=0

Activo	Pasivo
$1.000.000 Servicios laborales a un año	Deuda salarial a un año $1.000.000

Industrias K en t=0

Activo	Pasivo
$750.000 Servicios laborales a un año	Deuda salarial a un año $750.000

Trabajadores en t=0

Activo	Pasivo
$1.000.000 Crédito salarial a un año con las industrias C $750.000 Crédito salarial a un año con las industrias K	Fondos propios $1.750.000

El problema es que, pasado el año, los trabajadores de las industrias K no podrán cobrarse recibiendo la mercancía K, ya que ésta solo existe en la forma de productos semiterminados sin utilidad presente alguna para los trabajadores.

Industrias C en t=1

Activo	Pasivo
~~$1.000.000 Mercancías C~~ $1.000.000 Servicios laborales a un año	~~Deuda salarial a un año $1.000.000~~ Deuda salarial a un año $1.000.000

Industrias K en t=1

Activo	Pasivo
$750.000 Productos semiterminados	Deuda salarial $750.000

Trabajadores en t=1

Activo	Pasivo
$1.000.000 Crédito salarial a un año con las industrias C $750.000 Crédito salarial exigible con las industrias K	Fondos propios $1.750.000

Es obvio que, llegados a este punto, se pueden producir problemas de coordinación muy considerables. En primer lugar, hay problemas de coordinación financiera: los trabajadores de la industria K han de aceptar o cobrar su salario en unos productos semiterminados sin utilidad inmediata o posponer el cobro de su salario ya exigible durante otro año. En segundo lugar, hay problemas de coordinación productiva: los trabajadores de la industria K han de aceptar seguir trabajando otro año en la industria K o, en caso contrario, la fabricación de la mercancía K no concluirá satisfactoriamente; el problema es que, al finalizar el primer año, en principio tanto la industria C como la industria K poseen las mismas opciones (el mismo poder adquisitivo) para contratar a los obreros que durante el primer año estuvieron empleados en K (es decir, si las industrias C desean incrementar su plantilla, podrían hacerlo a costa de arrebatar trabajadores a las industrias K, quedándose permanentemente inconclusa la inversión de K en bienes semiterminados).

Por supuesto, que pueda haber problemas de coordinación no implica necesariamente que vaya a darse una descoordinación (los trabajadores de K podrían aceptar retrasar el cobro de sus salarios durante otro año, trabajando mientras tanto para la industria K), pero sí indica que no es verdad que la inversión genere automáticamente el ahorro necesario para financiarla (los trabajadores de K podrían tomar una decisión descoordinadora forzando que se abandone la inversión iniciada de K): que la industria K decida invertir a dos años vista no significa que haya trabajadores dispuestos a esperar dos años a consumir (ahorro a dos años). Y en la medida en que el perfil del ahorro no coincida con el perfil de la inversión, esos problemas de coordinación pueden materializarse en errores de inversión. Así pues, y volviendo al ejemplo original de Mosler, a menos que los consumidores estén dispuestos a esperar el tiempo necesario hasta que se produzcan los coches híbridos (ahorro a un determinado plazo), el hecho de que el banco le proporcione al fabricante de coches híbridos el crédito necesario para ejecutar una inversión a ese determinado plazo no generará automáticamente el perfil de ahorro necesario para financiar la inversión en coches híbridos. Bien podría suceder que el banco indujera a la empresa a invertir a un plazo más prolongado del que los acreedores del banco están dispuestos a esperar, descoordinando así a los agentes económicos: los acreedores del banco podrían exigirle al banco el cobro de sus depósitos antes de que los automóviles estén disponibles para la venta (provocando la suspensión de pagos del banco) o podrían usar los depósitos del banco para adquirir –antes de que los vehículos estén disponibles– otros bienes de consumo distintos a los automóviles, rentabilizando esas líneas de inversión alternativas en perjuicio de la industria automovilística (esto es, la industria de bienes de consumo que concentra la demanda de los depositantes podría sobrepujar por los factores concentrados en la industria automovilística, interrumpiendo la fabricación de coches híbridos); como ya dijimos, a este último fenómeno se lo conoce técnicamente como Efecto Ricardo (Hayek 1939).

Los problemas anteriores no se modifican aun suponiendo, como parece hacer Mosler, que existe un fondo de trabajadores desempleados cuasi inagotable. O al menos no se solventan totalmente. En nuestro ejemplo anterior, el hecho de que existan trabajadores parados permitiría solucionar la posible descoordinación productiva: aunque las industrias C logren contratar a los trabajadores antiguamente empleados en las industria K, éstas podrían contratar a nuevos obreros de entre los parados para completar la producción de bienes K. Pero fijémonos en que la existencia de recursos desempleados sigue sin solventar el problema de descoordinación financiera: si los trabajadores no aceptan diferir el cobro de su deuda salarial otro año, el proceso no podrá completarse. Esto equivale a decir que, en ejemplos más realistas donde quienes financian la inversión no son los propios trabajadores sino ahorradores capitalistas, la inexistencia de ahorro (de capital con el que contratar a los trabajadores) impide solventar el problema de coordinación por mucho que existan trabajadores parados. Sería como si las industrias K hubiesen invertido a 10 años y los desempleados no estuvieran dispuestos a diferir su consumo durante más de un año: la inversión en bienes semiterminados de K sería fallida por mucho que existieran recursos ociosos.

Conviene a su vez aclarar que, en una economía monetaria, donde los bancos actúan como intermediarios financieros, el anterior desequilibrio entre el perfil del ahorro y el perfil de la inversión se materializaría de un modo algo distinto al que hemos contemplado en nuestros balances: como decíamos, cuando hay pleno empleo de los recursos los trabajadores cobrarían año a año (o mes a mes) sus salarios en forma de cuentas corrientes en un banco y dado que con esas cuentas corrientes no podrían adquirir la mercancía final de las industrias K hasta que ésta se hubiere completado, los trabajadores podrían emplear esas cuentas corrientes en adquirir las existencias de mercancía C, elevando sus precios y su rentabilidad; de este modo, la rentabilidad de fabricar la mercancía C se dispararía y, en consecuencia, se procedería a ampliar su producción contratando los trabajadores de las industrias K (e impidiendo que las industrias K completaran la transformación en mercancía final de los bienes semiterminados K). En caso de que, alternativamente, hubiera trabajadores parados a disposición de la industria K, los efectos no se modificarían sustancialmente: cuantos más parados contratara a cambio de salarios abonados en forma de cuentas corrientes bancarias, más tendería a dispararse la demanda de la mercancía C, con lo que el fondo de trabajadores parados terminaría agotándose hasta que, finalmente, la industria C le arrebatara factores productivos a la K. Por consiguiente, la inversión a plazo sufragada con un ahorro a menor plazo tiende a sembrar las semillas de su propia destrucción: y las siembra porque la inversión no genera automáticamente el tipo de ahorro que necesita para ser sostenible.

En definitiva, la inversión a largo plazo no puede engendrar endógenamente un diferimiento a largo plazo de las nuevas rentas que esa inversión genera (que alguien pase a invertir a largo plazo no da lugar automáticamente a que alguien pase a ahorrar a largo plazo): y si no puede hacerlo, será necesario un aumento exógeno del ahorro a largo plazo para que esa inversión pueda llegar a buen puerto. En caso de que ese aumento del ahorro a largo plazo no aparezca, la inversión a largo carecerá de base financiera y tenderá a interrumpirse antes de su conclusión. Pero, precisamente, ese no diferimiento de las rentas que genera el gasto en inversión es lo que enmascara el proceso descrito por el «multiplicador de la inversión» que Mosler suscribe y que a continuación pasamos a criticar.

El engañoso multiplicador de la inversión

Nuestro análisis anterior sobre por qué la inversión no crea el ahorro lo hemos efectuado estudiando la situación patrimonial de los agentes económicos: que el stock de activos sea igual al stock de pasivos no permite concluir que exista una adecuada coordinación entre el perfil de inversión productiva representado en el stock de activos y el perfil de financiación representado en el stock de pasivos. Sin embargo, los economistas keynesianos no suelen explicar la igualdad macroeconómica entre ahorro e inversión a través de stocks, sino a través de flujos: en concreto, a través del denominado «multiplicador de la inversión». Mosler, sin mencionarlo, también echa mano del multiplicador de la inversión cuando afirma que «las decisiones de gastar por encima de nuestra renta –esto es, de gastar endeudándonos– provocan un incremento de las rentas que puede generar un aumento de la inversión y del ahorro».

La idea del multiplicador de la inversión es sencilla: un aumento de la inversión provoca un aumento de las rentas de algunos agentes económicos (por ejemplo, de los trabajadores contratados);

ese aumento de las rentas se traducirá en un aumento del consumo de esos agentes económicos que, a su vez, dará lugar a un nuevo aumento de rentas de otros agentes económicos y, por esta vía, a un nuevo aumento del consumo. Es decir, un incremento de la inversión da lugar a un aumento *multiplicado* de las rentas y, asumiendo que existen infinidad de recursos desempleados, a un aumento igualmente multiplicado de la producción (y no de los precios, que es lo que sucedería si ese circuito de mayor gasto se llevara a cabo sin recursos desempleados). Será, precisamente, el hecho de que una parte de esas rentas no terminará siendo consumida (es decir, que terminará siendo ahorrada) lo que generará el ahorro agregado necesario para financiar el aumento inicial de la inversión.

Por ejemplo, supongamos que el gasto en inversión aumenta en 10.000 dólares ($\Delta I = 10.000$), lo que consecuentemente generará 10.000 dólares de nuevas rentas ($\Delta Y = 10.000$ dólares, en $t=0$) en aquellas industrias receptoras de esa nueva inversión. Si cada trabajador consume como media el 90% de su salario ($\Delta C = 0,9 * \Delta Y$) y ese consumo se transforma, a su vez, en nuevas rentas, tendremos que las rentas de esta economía aumentarán sucesivamente del siguiente modo (Tabla 1).

En última instancia, pues, un incremento de la inversión de 10.000 dólares ($\Delta I = 10.000$ dólares) generará endógenamente el aumento de rentas necesario (100.000 dólares) como para que el ahorro se incremente en 10.000 dólares ($\Delta S = 10.000$ dólares). Será la multiplicación de la renta obrada por la mayor inversión la que permitirá aumentar el ahorro: como decía Mosler, pues, gastar por encima de nuestra renta supone aumentar nuestro ahorro.

El análisis del multiplicador de la inversión es, sin embargo, engañoso. Multiplicar renta no significa multiplicar producción: que haya un incremento del gasto total en 100.000 dólares ($\Delta Y =$ 100.000 dólares) no significa que se incremente la producción real por valor de 100.000 dólares reales, pues puede que simplemente aumenten los precios. Como ya explicamos cuando distinguimos

Tabla 1

t	ΔI	ΔY	ΔC	ΔS
0	10.000	10.000	9.000	1.000
1		9.000	8.100	900
2		8.100	7.290	810
3		7.290	6.561	729
4		6.561	5.904,9	656,1
5		5.905	5.314,4	590,5
6		5.314	4.783	531,4
7		4.783	4.304,7	478,3
8		4.305	3.874,2	430,5
9		3.874	3.486,8	387,4
...		...	...	...
TOTAL		100.000	90.000	10.000

entre ahorro nominal y ahorro real, la producción solo aumentará si existen factores productivos disponibles que puedan ser movilizados para fabricar nuevos bienes o servicios: pero para poder contratar a esos factores productivos será necesario que previamente haya habido un aumento del ahorro en forma de factores productivos temporalmente no utilizados (ahorro real). A la postre, el inversor o bien los contrata con su propia renta (en cuyo caso, no consume esa parte de la renta que invierte, esto es, la ahorra) o bien los contrata, como dice Mosler, gastando por encima de su renta; pero gastar por encima de la renta presente equivale a endeudarse, y para que el inversor pueda endeudarse, otro agente deberá financiarle ese endeudamiento: y ese acreedor que le financie el endeudamiento será el ahorrador que haya sufragado en última instancia su inversión renunciando a su propia disposición de factores productivos.

El principio de que el ahorro debe preceder siempre a la inversión no se ve alterado en el caso típico propuesto por los economistas de la MMT: a saber, que el Estado imprima nuevas unidades de moneda fiat y que financie con ellas una expansión del gasto público o una reducción de impuestos dirigidas a contratar factores productivos desempleados (alternativamente, el mismo resultado podría lograrse si los bancos financiaran inversiones a largo plazo mediante la creación de nuevos pasivos propios a la vista, si bien esta propuesta no es defendida por los partidarios de la MMT). En tales casos, los ahorradores serán quienes se desprendan de sus bienes, servicios o activos a cambio de cobrar en moneda fiat (que, como sabemos, equivale a proporcionarle un crédito fiscal al Estado): ahora bien, si la cantidad de moneda fiat que se utiliza para adquirir esos bienes, servicios o activos aumenta y, sin embargo, la cantidad de bienes, servicios o activos ofertados a cambio de la moneda fiat no lo hace, el ahorro nominal aumentará sin que el ahorro real lo haga (simplemente, los bienes, servicios o activos se venderán más caros). Multiplicar renta, como decíamos, no habrá multiplicado la producción.

Es más, tal como también explicamos, un determinado volumen de ahorro puede representar simplemente un diferimiento a corto plazo y de bajo riesgo del consumo, mientras que la inversión que se sufrague con ese ahorro puede adoptar un perfil a largo plazo y de alto riesgo. En el caso del multiplicador, la impresión de moneda fiat (o la creación bancaria de pasivos bancarios a la vista) equivale a la creación de una deuda que, en tanto suele utilizarse a modo de saldo de tesorería por los agentes económicos, no impone a sus tenedores un diferimiento a largo plazo del consumo ni es percibida como una forma de ahorro de alto riesgo: por tanto, si esa moneda fiat financia inversiones a largo plazo y de alto riesgo, se dará una descoordinación entre los perfiles de ahorro y de inversión. Es decir, si en la tabla 1 de más arriba, el aumento del ahorro ($\Delta S = 10.000$) se materializa en moneda fiat (o pasivos bancarios a la vista) mientras que el aumento de la inversión ($\Delta I = 10.000$) se materializa en inversión de muy largo plazo, tendremos un desequilibrio intertemporal entre el ahorro y la inversión.

Por consiguiente, ni siquiera a través del multiplicador se verifica la proposición de que la inversión crea el ahorro: por un lado, porque el aumento de la inversión puede ser tan solo en términos nominales y no en términos reales; por otro, porque no hay ninguna necesidad de que el plazo y el perfil de riesgo de la inversión coincida con el plazo y el perfil de riesgo del ahorro engendrado por esa inversión.

La financiarización puede ser útil

Dejando de lado los errores de Mosler a propósito de la paradoja del ahorro y el multiplicador de la inversión, el economista de la MMT también yerra con sus críticas contra la financiarización de la economía: es decir, contra el proceso por el que la industria financiera acapara cada vez más recursos reales del resto de la economía con el pretexto de gestionar el ahorro de los ciudadanos. Mosler parece considerar este proceso de intermediación financiera como innecesario: ¿cuál es la razón de que bancos y fondos de inversión deban captar y gestionar ahorro para reciclarlo en inversiones cuando, según explica la MMT, la inversión genera su propio ahorro? La cuestión emerge como consecuencia de una confusión de fondo sobre el proceso de creación de riqueza.

Y es que, cuando nos planteamos qué es crear riqueza, instantáneamente tendemos a pensar en fabricar cosas, como cortar un árbol y convertirlo en una mesa, o sacar piedra de la cantera y construir una casa. Y así sucedía en las etapas más primitivas y rudimentarias de la producción de bienes y servicios: cuando lo único que teníamos que hacer era tomar de la naturaleza las materias primas necesarias y esforzarnos en transformarlas, crear riqueza equivalía a convertir el entorno en las mercancías que directamente satisfacían nuestras necesidades o en las herramientas que necesitábamos para fabricarlas de una manera más eficiente.

La cosa cambia radicalmente cuando el proceso de creación de riqueza se vuelve mucho más complejo al implicar a un número infinitamente mayor de agentes y de recursos que deben coordinarse entre sí en momentos muy distintos del tiempo y con perfiles de riesgo muy divergentes. En tal caso, las decisiones sobre qué y cómo producir ya no resultan tan sencillas y automáticas, pues toca organizar todos esos recursos de tal manera que maximicen el valor generado en los distintos momentos del tiempo y según los diferentes niveles de riesgo percibidos. Es entonces cuando los mecanismos de coordinación y de asignación de los factores productivos van adquiriendo una importancia –y una utilidad– cada vez más decisiva. Pues bien, uno de esos mecanismos de coordinación de los factores productivos son los mercados financieros.

Justamente porque, como acabamos de ver, la inversión no genera endógenamente el perfil de ahorro necesario para financiarla, los mercados financieros juegan el crucial papel de intentar coordinar las necesidades de ahorradores e inversores: su cometido es el de canalizar el ahorro hacia proyectos de inversión con unos perfiles de tiempo y de riesgo compatibles con los deseos de cada ahorrador.

En concreto, los mercados financieros sirven para que los ahorradores señalicen cuánto tiempo están dispuestos a esperar y qué niveles de riesgos están dispuestos a asumir en sus inversiones: quien invierte en un bono a cinco años se está comprometiendo a renunciar durante un lustro a hacer uso de su capital; quien adquiere deuda subordinada está indicando que no le importa asumir un riesgo importante con tal de ver aumentada su rentabilidad; quien compra acciones transmite el mensaje de que desea convertirse en propietario de la compañía, asumiendo las venturas y desventuras del negocio; quien emite un CDS se está comprometiendo a asegurar un activo, aportando los recursos necesarios para cubrir las eventuales quitas, etc. Así pues, todos estos instrumentos (bonos, deuda subordinada, acciones, derivados...) sirven, como decimos, para señalizar las preferencias de tiempo y riesgo de los ahorradores y para, por consiguiente, canalizar ese capital hacia inversiones con un plazo y perfil de riesgo compatibles con esas preferencias.

En definitiva, los mercados financieros y sus diversos participantes (ahorradores, inversores, intermediarios y especuladores) desempeñan un servicio muy importante dentro de una economía: coordinar a quienes ahorran con quienes invierten según sus preferencias y necesidades de tiempo y riesgo. Dado que, en este sentido, actúan como las «las carreteras del capital» –a saber, su función es conducir el capital hacia sus usos más valiosos–, puede decirse perfectamente que la economía financiera es productiva: porque tan importante como fabricar bienes y servicios es fabricar los bienes y servicios correctos al menor coste posible, en el momento deseado y sin asumir más riesgos de los tolerados por los ahorradores. Y siendo la economía financiera también productiva, será lógico que parte de los factores productivos de un sistema económico –trabajadores, edificios, ordenadores, redes, materias primas, etc.– se destinen a esta industria. Simplemente, una parte de toda la economía la hemos de dedicar a prestar servicios de coordinación entre ahorro e inversión, al igual que otra parte las dedicamos a la extracción de petróleo, otra al diseño de nuevas mercancías, otra al marketing, etc.

Lo anterior, evidentemente, no significa que el tamaño de la industria financiera dentro de una economía siempre sea el óptimo: al igual que la industria de la construcción, de las nuevas tecnologías o de los ferrocarriles pueden sobredimensionarse, la industria financiera también puede hacerlo. De hecho, cabe pensar que la moneda fiat que defiende Warren Mosler tiende a sobredimensionar el tamaño del sector financiero con respecto a un patrón monetario basado en el oro (o en cualquier dinero seleccionado espontáneamente por el mercado): éste fue el planteamiento que defendió el Premio Nobel de Economía Milton Friedman en su artículo *The*

Resource Cost of Irredeemable Paper Money (1986). A la postre, la moneda fiat incrementa la incertidumbre de un sistema monetario en tres aspectos: la incertidumbre sobre el poder adquisitivo futuro de la moneda, la incertidumbre sobre los tipos de cambio futuros y la incertidumbre sobre los tipos de interés a largo plazo. Y a mayor incertidumbre, mayores recursos se invierten en articular mecanismos para proteger a los agentes económicos de esa incertidumbre.

Podemos observar este triple aumento de la incertidumbre echando un vistazo a la historia. Así, por ejemplo, es fácil comprobar que el poder adquisitivo del dólar o de la libra se ha desplomado desde el abandono del patrón oro clásico en 1914 frente a la relativa estabilidad que exhibió con anterioridad (de hecho, el único período antes de 1914 en el que el dólar sufrió una merma abrupta y significativa en su poder adquisitivo fue durante la Guerra de Secesión estadounidense, en la que también se abandonó el patrón oro).

GRÁFICO 1

PODER ADQUISITIVO DE UNA UNIDAD MONETARIA

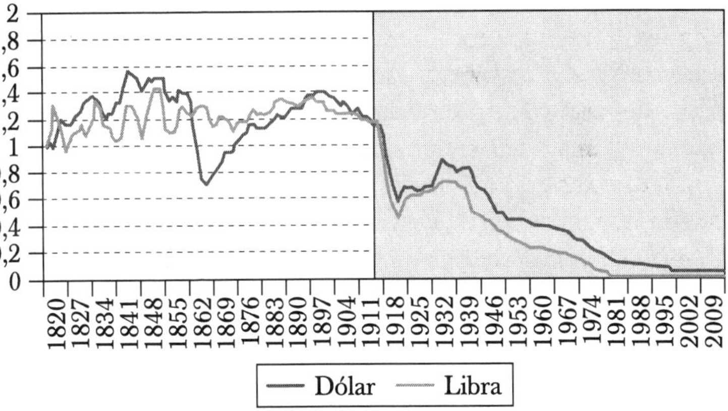

Fuente: www.measuringworth.com

Asimismo, el tipo de cambio entre el dólar y la libra se mantuvo atado y prácticamente constante entre 1820 y 1914 (salvo durante el período de la Guerra de Secesión estadounidense), fluctuando significativamente a partir de entonces con la única excepción de las décadas de los 50 y los 60 del s. XX (el período de restablecimiento parcial del patrón oro con Bretton Woods) (Gráfico 2).

GRÁFICO 2

TIPO DE CAMBIO DÓLAR-LIBRA

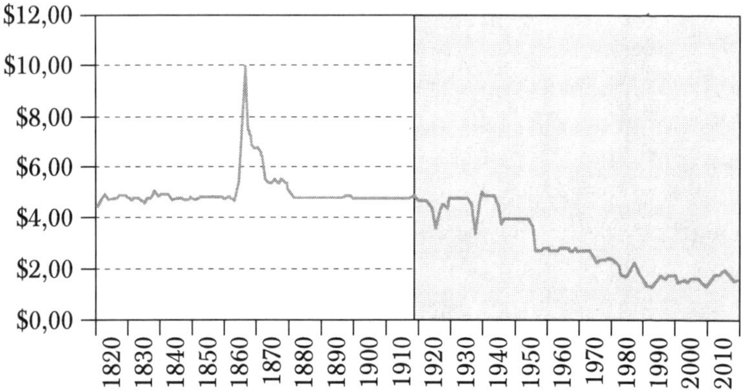

Fuente: www.measuringworth.com

Finalmente, la moneda fiat también desestabiliza la estructura de tipos de interés a largo plazo, dado que el sistema financiero de una economía con moneda fiat puede descoordinar con mayor facilidad los flujos de ahorro y de inversión (y es que, con la moneda fiat, el sistema financiero puede deteriorar su liquidez con mayor impunidad, utilizando deuda a corto plazo para prestar a largo plazo y, por tanto, para hacer fluctuar los tipos a largo) (Gráfico 3).

Como resultado de estas mayores incertidumbres asociadas a la moneda fiat, parte de los recursos de la sociedad tienden a sobreconcentrarse en el sector financiero y, más en concreto, en el tramo de la gestión patrimonial y de inversiones dirigida a minimizar los riesgos de inflación, de tipos de cambios y de interés. De ahí que no sea casualidad que el peso de esos servicios de intermediación financiera especializada en la asesoría y en la gestión de patrimonios se haya disparado desde la ruptura definitiva de Bretton Woods,

GRÁFICO 3

TIPOS DE INTERÉS A LARGO PLAZO

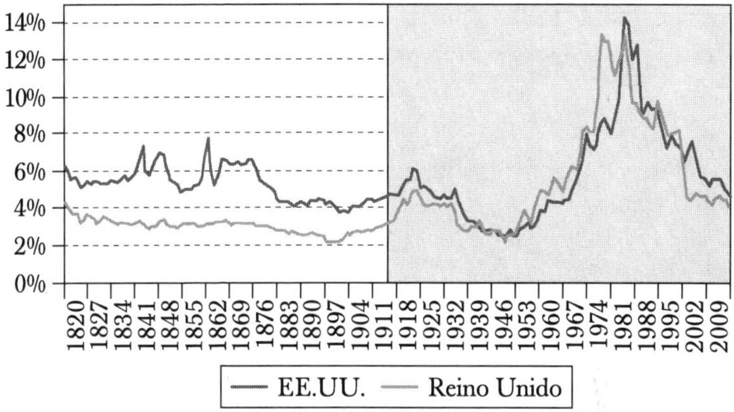

Fuente: www.measuringworth.com

esto es, desde la ruptura de los últimos resquicios del patrón oro que proporcionaban una cierta ancla de certidumbre en materia de precios, de tipos de cambio y de tipos de interés: en particular, el peso de este sector en relación con el PIB estadounidense se ha multiplicado por cinco desde los años 60 (Gráfico 4).

Ciertamente, no todo el aumento del peso de este sector es atribuible al abandono del patrón oro, sino que la sofisticación de la economía y el aumento de su complejidad explican buena parte de la necesidad de contar con un sector financiero más grande (esto es, hace necesario destinar un mayor número de recursos a gestionar el mayor volumen de capital). Pero, desde luego, la moneda fiat que defiende Mosler sí ha contribuido a intensificar esa financiarización de la economía que el propio Mosler denuncia.

En suma, las críticas de Mosler a la financiarización de la economía son fácilmente entendibles si tenemos en cuenta que el economista de la MMT, al pensar términos agregados –la inversión agregada genera el ahorro agregado y solo debemos preocuparnos por maximizar el empleo de los factores–, se muestra incapaz de

GRÁFICO 4

PESO SECTORIAL SOBRE EL PIB ESTADOUNIDENSE COMO MEDIA MÓVIL A CINCO AÑOS (1960 = 100)

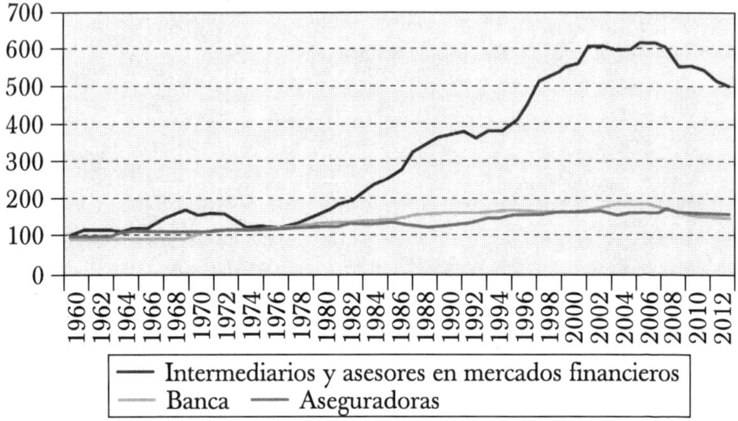

Fuente: BEA.

comprender para qué sirve una industria como la financiera que, aparentemente, no incrementa el volumen agregado de inversión sino que, por el contrario, se limita a redistribuir el volumen endógenamente generado de ahorro: esto es, el problema de Mosler es que, de acuerdo con sus premisas, *cualquier* tamaño de la industria financiera resulta excesivamente costoso desde un punto de vista macroeconómico por la irrelevancia y esterilidad de distribuir el ahorro en inversiones de distinto perfil de tiempo y riesgo. Ahora bien, precisamente porque la inversión no genera el ahorro necesario para ser financiada y porque los ahorradores reducirían drásticamente su ahorro si éste no pudiera materializare en inversiones con el perfil temporal y de riesgo deseado, ni siquiera el análisis agregado de Mosler resulta cierto: el volumen de ahorro, y por tanto, de inversión es mucho mayor con industria financiera que sin ella.

En definitiva, la inversión *siempre* debe ser financiada por el ahorro previo y, por ello, es necesario contar con una industria financiera encargada de coordinar ambas magnitudes.

CAPÍTULO VII

LOS DÉFICITS PÚBLICOS PRESENTES IMPLICAN MENOR RENTA DISPONIBLE FUTURA

Fraude mortalmente inocente 7: Los déficits presentes son negativos porque implican mayores impuestos futuros.

Réplica de Warren Mosler: Los déficits presentes son positivos porque permiten relanzar la actividad y salir de la crisis. Los mayores impuestos futuros serán el síntoma de que la crisis ha terminado.

Realidad: Los déficits presentes son negativos porque en la mayoría de los casos implican sostener estructuras productivas que no generan valor a costa de la renta de los contribuyentes futuros.

El último de los fraudes mortalmente inocentes que denuncia Warren Mosler es la idea de que los déficits actuales son negativos porque implican mayores impuestos futuros: a su juicio, los déficits actuales sí implican mayores impuestos futuros pero eso, lejos de ser perjudicial, es un síntoma positivo para la economía.

En este sentido, no es que Mosler exhiba su lado más fiscalmente sádico, sino que él contempla los impuestos como un mecanismo para regular el recalentamiento de una economía. A su juicio, el Estado acumula déficits públicos en medio de una depresión y, más adelante, sube los impuestos en medio de la recuperación impulsada por los déficits anteriores con el fin de «enfriar» el sobrecrecimiento y de mantener a raya la inflación:

«¿Por qué incurrimos hoy en déficits? Porque los "grandes almacenes" de la economía están llenos de bienes sin vender, el desempleo está disparado y estamos produciendo por debajo de nuestra capacidad. El Gobierno compra lo que quiere y nosotros carecemos de poder adquisitivo suficiente para comprar lo que queda, por lo que el gobierno ha de tomar la decisión de reducir impuestos, y tal vez incrementar el gasto público, para así incrementar el gasto total y reabsorber los bienes invendidos. ¿Y por qué terminaremos elevando impuestos? No para que el gobierno pueda gastar, pues ya sabemos que puede gastar sin recaudar impuestos: aumentaremos los impuestos únicamente cuando nuestro poder de compra sea demasiado alto, el desempleo se haya reducido a niveles muy bajos y los bienes invendidos hayan desaparecido, todo lo cual, en ausencia de mayores impuestos, elevaría el poder adquisitivo disponible y generaría una inflación no deseada».

Dicho de otro modo, el economista de la MMT considera que todos los problemas en una depresión económica pueden reducirse y solventarse mediante un aumento del gasto total: la economía se estanca porque la gente no adquiere todas las mercancías que se hallan a la venta. Expresado así, empero, las conclusiones resultan bastante endebles. La cuestión verdaderamente relevante es: ¿por qué no se venden todas las mercancías? Mosler no responde con claridad a esta pregunta: aparentemente insinúa que las mercancías se quedan invendidas porque el «poder adquisitivo» en manos de los compradores resulta insuficiente para absorber todas las mercancías producidas. Pero entonces la cuestión relevante se traslada a un nivel superior: ¿qué constituye el poder adquisitivo que permite la compra de mercancías?

Y la respuesta a esta última pregunta es tan sencilla como crucial para comprender la escasa fundamentación del edificio keynesiano: el poder adquisitivo está constituido por mercancías presentes o futuras. Un agente económico que posea mercancías presentes valiosas podrá utilizarlas para adquirir otras mercancías presentes; a su vez, la producción futura esperada de ese agente económico también poseerá un valor económico en la actualidad que, a su vez, podrá ser empleado para adquirir otras mercancías presentes (esta operación se conoce generalmente como compra a crédito: adquiero mercancías hoy y las pago vendiendo otras mercancías mañana).

Por ejemplo, si el agente económico A posee televisores valorados en 50.000 dólares y el agente económico B posee motocicletas valoradas en 50.000 dólares, ambos pueden intercambiarlas.

Agente A en t=0

Activo	**Pasivo**
$50.000 Televisores presentes	Fondos propios $50.000

Agente B en t=0

Activo	**Pasivo**
$50.000 Motocicletas presentes	Fondos propios $50.000

Agente A en t=1

Activo	**Pasivo**
$50.000 Motocicletas presentes	Fondos propios $50.000

Agente B en t=1

Activo	**Pasivo**
$50.000 Televisores presentes	Fondos propios $50.000

Asimismo, aunque el agente económico A no poseyera televisores presentes, sino simplemente una expectativa de producir televisores futuros, también podría practicarse el intercambio. Si suponemos que el valor presente de esa expectativa de producción futura es asimismo de 50.000 dólares, el agente A podrá vender esa promesa de entrega de televisores a cambio de las motocicletas:

Agente A en t=0

Activo	Pasivo
\$50.000 Televisores futuros	Fondos propios \$50.000

Agente B en t=0

Activo	Pasivo
\$50.000 Motocicletas presentes	Fondos propios \$50.000

Agente A en t=1

Activo	Pasivo
\$50.000 Televisores futuros \$50.000 Motocicletas presentes	Fondos propios \$50.000 Deuda de televisores en favor de B \$50.000

Agente B en t=1

Activo	Pasivo
\$50.000 Crédito de televisores contra A	Fondos propios \$50.000

En otras palabras, ningún agente económico puede demandar sostenidamente mercancías por un valor económico superior al de las mercancías que ya ha producido o de las que espera que vaya a producir; si lo hiciera, por definición sería incapaz de pagar las mercancías compradas. Por tanto, cuando se afirma que el poder adquisitivo (presente o futuro) es insuficiente para comprar todas las mercancías producidas solo se puede estar afirmando una cosa: que algunas de las mercancías que se han producido no son las que demandan los propietarios presentes o futuros de las otras mercancías producidas (de ahí que no estén dispuestos a intercambiar sus mercancías por las que resultan invendidas). Por consiguiente, el problema no es que la demanda sea insuficiente, sino que la composición de la oferta no está adecuadamente equilibrada con los deseos de la demanda (se ha producido un exceso de algunas mercancías y un defecto de otras).

Por supuesto, los motivos de este desequilibrio no son monolíticos: puede deberse a un error absoluto (se han producido bienes que bajo ningún contexto poseerán demanda) o a un error relativo (se han producido bienes que, si cambia el contexto económico, volverán a tener demanda). El error absoluto es un despilfarro absoluto; el error relativo, en cambio, resulta relevante en situaciones en las que el contexto económico es susceptible de mutar: verbigracia, un aumento repentino de la incertidumbre sobre mi producción futura puede reducir mi poder adquisitivo presente y, por esa vía, dejar sin vender parte de la oferta de mercancías ajenas que pretendía adquirir pagando con mi producción futura; por el contrario, una moderación de la incertidumbre sobre mi producción futura puede incrementar mi poder adquisitivo presente y, por esa vía, mi demanda de mercancías ajenas. Por ejemplo, imaginemos que en la economía del caso anterior aumenta la incertidumbre y que, por tanto, el valor actual de los televisores futuros se reduce de 50.000 a 30.000 dólares (por el mayor riesgo de que no se materialicen en el futuro). En esa situación, el poder adquisitivo del agente A cae de 50.000 a 30.000 dólares, de modo que parte de las motocicletas del agente B se quedarán sin vender (salvo que el agente B las baje de precio o que, súbitamente, la incertidumbre sobre el agente A vuelva a descender y, por esa vía, el valor actual de sus televisores futuros a incrementarse hasta 50.000 dólares).

En este sentido, cuando el Estado aumenta el gasto público, puede hacerlo a costa de detraer demanda presente del sector privado o de detraer demanda futura: lo primero supone financiar el gasto público presente con impuestos presentes y lo segundo financiarlo con la emisión de deuda pública, es decir, con impuestos futuros (en este punto, sí incluimos dentro de la definición de deuda pública a la moneda fiat). Evidentemente, resulta absurdo que el Estado quiera subsanar errores absolutos en la oferta de bienes y servicios obligando al sector privado a que adquiera lo que no desea adquirir pero, ¿tiene sentido que el Estado intente subsanar errores relativos aumentando la demanda presente de ciertas mercancías que, acaso, puedan recuperar su demanda por parte del sector privado una vez la incertidumbre se modere?

Recordemos que, en el capítulo 3, estudiamos cómo la mayor incertidumbre modificaba los patrones de inversión para dirigirlos hacia activos más seguros. Por consiguiente, la cuestión debería plantearse de otro modo: ¿tiene sentido que el Estado fuerce al sector privado a adoptar unos perfiles de inversión más arriesgados de los que ese sector privado está dispuesto a asumir? No en vano, cuando el sector público emite deuda pública para forzar la adquisición de ciertas mercancías que deberían haber perdido su demanda por no estar adaptadas a un entorno de excesiva incertidumbre, lo que está haciendo es comprometer coactivamente producción futura del sector privado a la adquisición especulativa de esas mercancías invendidas en el presente. El Estado, pues, obliga a los agentes privados a que asuman más riesgos de los que desean asumir y, de ese modo, consolida una estructura productiva que, a ojos de esos agentes privados, resulta demasiado arriesgada en relación con su rentabilidad.

La operación, con todo, podría terminar teniendo éxito si la mayor incertidumbre percibida por el sector privado no se materializa finalmente en pérdidas de ningún tipo. En tal caso, el resultado de la operación a posteriori sería que el sector público habría evitado una gravosa reestructuración sectorial que resultaba en el fondo innecesaria: pero que el sector público *pudiera* tener éxito no justifica que el sector público deba intervenir, del mismo modo que la posibilidad de obtener pingües ganancias en la lotería no justificaría que el Estado nos obligara a comprar boletos de lotería. Y es que, por supuesto, la operación también podría salirle mal al Estado: es más, cabe pensar que normalmente le saldrá mal, ya que los planificadores estatales no solo son incapaces de distinguir entre errores absolutos y errores relativos de producción (en muchos casos, la línea roja que los separa es extremadamente delgada), sino que además no saben valorar adecuadamente el riesgo asociado a los errores relativos (pues el coste de no valorarlo adecuadamente es externalizado al conjunto de los contribuyentes).

Mosler, sin embargo, no parece plantearse no ya la probabilidad, sino incluso la posibilidad de que el estímulo estatal de la demanda tenga malos resultados finales: y no lo hace porque parece considerar que los estímulos estatales son *gratuitos*, a saber, que las generaciones venideras no soportarán el coste de los déficits presentes y que, por tanto, toda capacidad productiva actual que no aprovechemos es capacidad productiva que se pierde inexorablemente. Pero, como vimos en el capítulo 2, no solo sucede que los déficits públicos presentes sí gravan a una parte de las generaciones futuras, sino que, desde un punto de vista dinámico, el gasto público presente puede reducir la producción futura potencial (permitiendo la supervivencia de estructuras productivas disfuncionales y destructoras de valor): en cuyo caso, se abre la puerta a que los beneficios de los déficits sean inferiores a sus costes (es decir, a que la riqueza generada por el gasto público sea menos valiosa que la riqueza que deja de generarse). Mosler supone que el rendimiento del gasto público (riqueza generada mediante el aumento del gasto público) siempre superará el coste de ese gasto (riqueza que se deja de generar por el aumento del gasto público); pero, ciertamente, no hay ninguna necesidad de que vaya a ser así: el mayor gasto público podría simplemente mantener las inadecuadas estructuras productivas actuales, impidiendo que se reestructuren y, por tanto, que se genera riqueza en el futuro (trasladando este coste a las generaciones futuras).

Así pues, si el Estado tuviera éxito a la hora de estabilizar la demanda presente con cargo a la producción futura y, por esta vía, reducir las incertidumbres y relanzar la economía, lo haría a costa de asumir más riesgos de los que el conjunto de los agentes económicos desean asumir. Si, por el contrario, el Estado fracasa, estará impidiendo la creación de riqueza futura a costa de consolidar errores productivos presentes y, para más inri, obligará a las generaciones futuras a cubrir esos costosos errores con mayores impuestos, menor gasto o mayor inflación futuros. Especialmente en este segundo caso, resultará del todo lógico negarse a contemplar con buenos ojos las futuras subidas de impuestos: serán una simple redistribución de la renta desde los contribuyentes futuros a los ineficientes productores presentes a través de los ahorradores actuales que invierten en deuda pública (tal como explicamos en el capítulo 2).

Mosler debería aceptar plenamente la posibilidad de que los impuestos futuros no sean el síntoma saludable de una economía revigorizada por los déficits públicos, sino el sobrecoste futuro de una empobrecedora política económica presente.

CONCLUSIÓN

Warren Mosler considera que los Estados actuales no comprenden adecuadamente sus instituciones monetarias debido a los siete fraudes mortalmente inocentes que acabamos de analizar. A su juicio, esta incomprensión es el la causa última de por qué nuestras sociedades exhiben una elevada tasa de desempleo y un PIB muy inferior al potencial.

La visión general de Mosler puede resumirse del siguiente modo: el desempleo es consecuencia del insuficiente gasto agregado y el Estado puede gastar cuanto sea necesario imprimiendo nueva moneda fiat. En este sentido, el Estado no debe preocuparse por su posible insolvencia –ya que siempre puede imprimir suficiente moneda fiat para pagar sus deudas– sino simplemente por mantener la demanda agregada a un nivel compatible con el pleno empleo no inflacionario. Dentro de su marco conceptual, los impuestos no son una herramienta para pagar las deudas o incluso para hacer frente a los desembolsos corrientes, sino el instrumento para retirar dinero de la circulación y enfriar la demanda cuando se haya recalentado en exceso: «Los impuestos sirven para regular lo que los economistas denominan "demanda agregada", que es una expresión rimbombante para hablar de "poder adquisitivo". En otras palabras, cuando la economía se ha recalentado demasiado, es necesario aumentar los impuestos para enfriarla, y cuando la economía se ha enfriado demasiado, resulta necesario rebajarlos para calentarla. La recaudación tributaria no es necesaria para que el Estado tenga fondos que gastar, es necesaria para regular nuestro poder adquisitivo de modo que su exceso no genere inflación y su deficiencia no genere desempleo y recesión».

De acuerdo con Mosler, el Estado puede determinar el nivel general de precios al establecer cuánto quiere pagar por los bienes que le compra al sector privado (ya que el sector privado necesita de la moneda fiat que él imprime para pagar los impuestos que él exige) y, por tanto, no hay ninguna razón para que tolere niveles altos de desempleo manteniendo a medio gas la demanda agregada. De hecho, el economista de la MMT llega a sostener que, al igual que en el s. XIX el Estado determinaba el nivel general de precios a través de la fijación del precio del oro, hoy el Estado determina indirectamente el nivel general de precios a través de la fijación de la tasa de desempleo; ése es el escenario que Mosler considera inaceptable (que el Gobierno acepte tasas de desempleo gigantescas con tal de mantener a raya la inflación) y contra el que dirige su libro: «Dado que no es nada práctico impedir que todos los precios suban, en una economía de mercado el Estado solo tiene que fijar un precio y permitir que las fuerzas del mercado ajusten sus valores relativos con respecto a ese precio. Históricamente, a esta política monetaria se la ha denominado política de regulación de precios vía cantidades, y se practicaba sobre todo con productos agrarios (el Estado fijaba el precio al que comprar o vender trigo). El patrón oro era un ejemplo de esta política de regulación de precios vía cantidades. Hoy, el Estado está usando extraoficialmente el empleo como regulación de precios vía cantidades. La teoría es que el nivel general de precios depende del nivel de desempleo, de manera que se puede controlar la inflación mediante la tasa de empleo. La disyuntiva se plantea entre más desempleo y más inflación».

A modo de resumen de nuestras críticas anteriores contra Mosler, procedemos a sintetizar los dos principales errores que comete el autor y, en general, los seguidores de la MMT: su mala teoría de los medios de pago y su mala teoría de la producción agregada.

Una mala teoría de los medios de pago

La teoría monetaria de Mosler es deficiente en dos extremos: sus errores sobre el dinero y sus errores sobre los medios de pago alternativos al dinero.

En cuanto a los errores sobre el dinero, Mosler no duda en denominar «dinero» a la moneda fiat que imprime el Estado y en la que éste obliga a los ciudadanos a pagar sus impuestos. Más allá de que la nomenclatura no sea la más acertada,[1] el problema de fondo es otro: considerar que los principios que regulan el funcionamiento y el valor de la moneda fiat son los mismos que los que regulan el funcionamiento y el valor de, por ejemplo, el oro. La moneda fiat –la llamemos dinero o no– es una forma de crédito que los ciudadanos conceden al Estado: en particular, es una anticipación de su pago de impuestos futuros. De ahí que haya que analizar a la moneda fiat como a cualquier otra forma de crédito o, más general, como a cualquier activo financiero.

Así, la diferencia crucial entre la determinación del valor de la moneda fiat y del oro no se halla en el distinto efecto que los cambios en la oferta tienen sobre el valor de uno y otro, sino en el muy distinto comportamiento de su demanda inversora.

La demanda inversora de los activos financieros depende, como ya vimos en el capítulo 1, de la propensión marginal a ahorrar y de la rentabilidad neta del activo. Si alguno de estos dos elementos sufre una fluctuación muy brusca, la demanda, y el valor del activo, también lo hará. En cambio, la demanda de dinero metálico no está sometida a los mismos principios: el oro o la plata no son el pasivo de ningún otro agente económico y, por tanto, no acarrean riesgo de contraparte para su tenedor. Por consiguiente, si los principios que regulan la demanda de

[1] Para una taxonomía más coherente de los medios de pago puede leerse a Bondone (2012).

moneda fiat y de dinero metálico no son los mismos, es obvio que su valor tampoco se regulará por los mismos principios.

En este sentido, siendo la moneda fiat un crédito fiscal que la ciudadanía le concede al Estado, ¿puede el Estado incrementar indefinidamente este tipo de deudas fiscales, tal y como sugiera Mosler? A juicio del estadounidense, la capacidad del Estado para endeudarse en forma de moneda fiat en términos nominales es ilimitada, si bien en términos reales se halla contingentada por la depreciación de la moneda fiat (por la inflación). Y, en efecto, el Estado tiene una capacidad ilimitada de emitir moneda fiat en términos nominales: como todo deudor –incluso los insolventes–, goza de una capacidad ilimitada para imprimir pagarés a su nombre... cuestión distinta es que alguien los acepte salvo a descuentos estratosféricos. Es decir, todo el mundo puede solicitar emitir tanta deuda como guste, pero eso no significa que alguien le vaya a proporcionar el crédito solicitado.

Y es que, como también reconoce Mosler, la capacidad de un Estado para endeudarse en moneda fiat está contingentada en términos reales: si la inflación sube, el gasto real del Estado se reduce. El problema con este reconocimiento es que Mosler le concede a la moneda fiat un tratamiento similar al del oro, pues atribuye la inflación a un exceso de gasto agregado con respecto a la capacidad productiva de la economía. En realidad, la inflación que verdaderamente limita la colocación en el mercado de moneda fiat es la que deriva de su naturaleza de activo financiero, esto es, que se emita en exceso de la demanda inversora de moneda fiat (determinada por la propensión a ahorrar y la rentabilidad neta esperada): de ahí que sea perfectamente compatible la existencia de desempleo generalizado y de depreciación acelerada de la moneda fiat. Sin embargo, el economista de la MMT parece no contemplar este último escenario: a su entender, no entra dentro de lo factible que una economía presente sobreabundancia de recursos ociosos y que, simultáneamente, la moneda fiat se esté depreciando a tasas altísimas (alta inflación) como consecuencia del desmoronamiento de su demanda inversora ante, por ejemplo, la insolvencia creciente del Estado (en términos reales). Pero *ese escenario* debería ser el más preocupante y merecedor de estudio por parte de quien defiende la impresión potencialmente ilimitada de moneda fiat, esto es, el endeudamiento fiscal potencialmente ilimitado del Estado.

En suma, el Estado, como emisor moneda fiat –como emisor de deuda fiscal–, no se halla en una situación radicalmente distinta a la de cualquier otro deudor. En términos nominales, puede endeudarse cuanto desee y sin límite (serán los acreedores los que, al comprar su deuda (incluyendo en esta definición a la moneda fiat), le apliquen el correspondiente descuento); en términos reales, su endeudamiento está limitado por la demanda inversora de moneda fiat, no por la capacidad ociosa del resto de la economía (cuestión distinta es que, generalmente, cuando la economía se halle en depresión, el rendimiento que proporciona la moneda fiat en forma de liquidez sea muy elevado, en cuyo caso la demanda inversora de moneda fiat también lo será y el Estado poseerá un mayor margen para emitirla en grandes cantidades: pero no como consecuencia de la merma de demanda agregada, sino por el aumento de la demanda inversora de activos líquidos). Mosler se niega a comprender este esencial aspecto porque, aun cuando reconoce que la moneda fiat es deuda, le otorga un tratamiento económico similar al de un bien real como el oro: mas la demanda inversora de oro no es equiparable a la demanda inversora de moneda fiat porque la primera no depende, en absoluto, de la solvencia de su emisor (el minero), y la segunda sí (y, por tanto, no tiene sentido constreñir todo el análisis de la depreciación de la moneda fiat al de su excesiva cantidad con respecto a los bienes y servicios producidos, sino que toca ampliarlo para incluir su fluctuante demanda ante el inadecuado comportamiento de su emisor).

Ahora bien, el error de Mosler con respecto al sistema de pagos no termina en su caracterización de la moneda fiat. El economista de la MMT asume implícitamente que todas las compraventas de bienes y servicios se efectúan contra moneda fiat: solo así se entiende su ingenua idea de que el Estado pueda regular la inflación controlando exclusivamente la oferta de moneda fiat: «En efecto, las familias, las empresas e incluso las administraciones necesitan disponer de dólares en sus cuentas corrientes para girar cheques o, en caso contrario, esos cheques no serán aceptados. Eso es así porque los dólares que gastan son creados por otra institución: el Estado». Pero lo cierto es que existe una muy importante alternativa a comprar o vender bienes y servicios contra moneda fiat: comprarlos o venderlos a crédito y, ulteriormente, compensar todas las posiciones deudoras y acreedoras entre sí. En la actualidad, cada vez que pagamos con tarjeta de débito o girando un cheque contra nuestra cuenta bancaria estamos, justamente, pagando a crédito (usando el crédito del banco como medio de pago): es decir, no estamos usando directamente la moneda fiat del Estado.

En este contexto, la influencia de los intercambios a crédito sobre el sistema de pagos (y, por tanto, sobre qué se produce y a qué precio) no debería ser subestimada: en 2014, el importe medio diario de las transacciones en dólares dentro de la cámara de compensación más importante del ramo, CHIPS, fue de 1,5 billones de dólares y, sin embargo, el uso de moneda fiat (billetes de dólares o pasivos de la Reserva Federal) que resultó necesario para sustentar esas billonarias transacciones en dólares apenas fue de 3.000 millones diarios, es decir, el 0,2%. Por consiguiente, la moneda fiat del dólar fue en 2014 un convidado de piedra dentro de la inmensa mayoría de intercambios nominados en dólares: ¿cómo regular la inflación o la producción a través de la oferta de un activo que, en circunstancias normales, tiene una nula participación en el conjunto de los intercambios?

Precisamente por lo anterior, muchos economistas de la MMT suelen afirmar que el sistema bancario privado tiene capacidad para «crear dinero» y defienden –o no ven con excesivos malos ojos– la necesidad de limitar ese privilegio, obligando a las entidades financieras a mantener un coeficiente de caja del 100% (en moneda fiat) sobre sus pasivos a la vista. Al parecer, con semejante medida el Estado recuperaría el control del monopolio de la creación de dinero y tendría una mayor capacidad de gestión macroeconómica: quien controla los medios de pago controla, en última instancia, cómo se asignan los recursos en la economía (a saber: si el Estado no otorga medios de pago a un agente económico, éste es incapaz de acceder a los recursos económicos que desea adquirir).

De lo que no se dan cuenta estos economistas de la MMT es de que los bancos no tienen ninguna capacidad para crear dinero, pues lo único que hacen es crear deudas contra sí mismos que, posteriormente, son utilizadas como medio de intercambio por el resto de los ciudadanos que así las aceptan:

Banco t=0

Activo	Pasivo
$100.000 Edificio $500.000 Crédito comercial $20.000 Tesorería en moneda fiat	Fondos propios $120.000 Pasivos a la vista $500.000

Es decir, los bancos únicamente tienen capacidad para endeudarse (como todo el mundo) y son los restantes agentes económicos los que optan por utilizar (o no) sus deudas (pasivos a la vista) como medios de pago alternativos al dinero. De ahí que prohibir a los bancos emitir deuda a corto plazo que no esté garantizada al 100% por saldos de tesorería en moneda fiat no modifica el fondo del asunto: mientras los agentes económicos sigan disfrutando de la capacidad para comprar o vender a crédito, el Estado carecerá de un monopolio real sobre los medios de pago y sobre la distribución de los recursos; en ausencia de bancos, el resto de empresas pueden seguir otorgando crédito comercial a sus clientes y los clientes podrían seguir compensando sus deudas comerciales, de modo que serían las empresas y sus clientes quienes, en última instancia, continuarían determinando cómo se asignan los recursos económicos. En este sentido, resulta altamente significativo que ni siquiera la Unión Soviética stalinista, la cual otorgó al banco central soviético (el Gosbank) el monopolio de la oferta de crédito y prohibió los créditos comerciales entre compañías estatales, consiguió erradicar la práctica empresarial de comprar y vender a crédito (circunstancia que permitía a las empresas estatales no someterse por entero a los planes diseñados de manera centralizada por el Gosplan, al intercambiar bienes y servicios horizontalmente entre ellas); tal como reconocía con frustración el director del Gosbank en 1938: «Aunque nuestras leyes prohíben a las empresas darse crédito entre sí, en realidad estás normativas no han surtido ningún efecto» (Gregory 2004).

Así las cosas, los siguientes dos ejemplos conducen a resultados completamente equivalentes, si bien solo en uno de ellos participan los bancos:

Primer ejemplo: el agente A descuenta en el banco su crédito comercial de 500.000 dólares contra el agente C (crédito comercial nacido de operaciones previas por las cuales el agente A le vendió mercancías al agente C y todavía no las ha cobrado), merced a lo cual obtiene una cuenta corriente en el banco (y transformándose el banco en el nuevo acreedor comercial del agente C). El agente A puede utilizar ulteriormente ese saldo acreedor contra el banco para comprarle las mercancías que posee el agente económico B (quien pasará a convertirse en el nuevo cuentacorrentista contra el banco) y éste, a su vez, puede utilizar esa cuenta corriente para adquirir las mercancías que posee el agente C. En tal caso, todas las mercancías habrán sido distribuidas y no quedarán deudas pendientes de pago, ya que el agente C será acreedor y deudor del banco por el mismo importe.

Agente A en t=0

Activo	Pasivo
\$500.000 Crédito comercial contra C	Fondos propios \$500.000

Agente B en t=0

Activo	Pasivo
\$500.000 Mercancías	Fondos propios \$500.000

Agente C en t=0

Activo	Pasivo
\$500.000 Mercancías	Deuda comercial en favor de A \$500.000

Agente A en t=1

Activo	Pasivo
\$500.000 C/c en el banco	Fondos propios \$500.000

Banco en t=1

Activo	Pasivo
\$500.000 Crédito comercial contra C	C/c en favor de A \$500.000

Agente A en t=2

Activo	Pasivo
\$500.000 Mercancías adquiridas a B	Fondos propios \$500.000

Agente B en t=2

Activo	Pasivo
\$500.000 C/c en el banco	Fondos propios \$500.000

Agente C en t=2

Activo	Pasivo
\$500.000 Mercancías	Deuda comercial en favor del banco \$500.000

Banco en t=2

Activo	Pasivo
\$500.000 Crédito comercial contra C	C/c en favor de B \$500.000

Agente B en t=3

Activo	Pasivo
\$500.000 Mercancías adquiridas a C	Fondos propios \$500.000

Agente C en t=3

Activo	Pasivo
~~\$500.000 C/c en el banco~~	~~Deuda comercial en favor del banco \$500.000~~

Banco en t=3

Activo	Pasivo
~~\$500.000 Crédito comercial contra C~~	~~C/c en favor de C \$500.000~~

Segundo ejemplo: el agente A le endosa al agente B su crédito comercial contra el agente C para comprarle sus mercancías; posteriormente, el agente B le endosa al agente C su crédito comercial contra el propio agente C, y de este modo el agente C extingue su deuda comercial. Al final, pues, las mercancías se han distribuido del mismo modo que en el caso anterior y todas las deudas han terminado desapareciendo… a pesar de que no haya intervenido ningún banco.

Agente A en t=0

Activo	Pasivo
\$500.000 Crédito comercial contra C	Fondos propios \$500.000

Agente B en t=0

Activo	Pasivo
\$500.000 Mercancías	Fondos propios \$500.000

Agente C en t=0

Activo	Pasivo
$500.000 Mercancías	Deuda comercial en favor de A $500.000

Agente A en t=1

Activo	Pasivo
$500.000 Mercancías adquiridas a B	Fondos propios $500.000

Agente B en t=1

Activo	Pasivo
$500.000 Crédito comercial contra C	Fondos propios $500.000

Agente C en t=1

Activo	Pasivo
$500.000 Mercancías	Deuda comercial en favor de B $500.000

Agente B en t=2

Activo	Pasivo
$500.000 Mercancías adquiridas a C	Fondos propios $500.000

Agente C en t=2

Activo	Pasivo
~~$500.000 Crédito comercial~~ ~~contra C~~	~~Deuda comercial en favor de C~~ ~~$500.000~~

Los intercambios a crédito con bancos son formalmente análogos a los intercambios a crédito sin bancos, con la única diferencia de que en el primer caso los bancos actúan como intermediarios. De ahí que impedir que los bancos se endeuden de manera autónoma a la moneda fiat que posean en reserva (esto es, sin coeficiente de caja del 100%) no evitará las compras o ventas a crédito por parte del resto de agentes económicos, simplemente impedirá que este proceso sea coordinado por uno de sus principales intermediarios y arbitrajistas (los bancos). Y si las compras y ventas a crédito siguen produciéndose, el Estado carecerá de monopolio sobre los medios de intercambio.

En definitiva, ni el valor de la moneda fiat depende exclusivamente de su oferta estatal, ni el Estado goza de un monopolio en la oferta de medios de pago. Su poder monetario es infinitamente menor al que le atribuye Mosler: que un Estado puede anticipar su gasto emitiendo moneda fiat se explica, simplemente, por los mismos motivos que le permiten anticipar su gasto emitiendo deuda a 30 años. La diferencia entre la moneda fiat y la deuda a 30 años es que el pago de la primera se le puede exigir al Estado a corto plazo (cada vez que se pagan impuestos) y, en consecuencia, no se le abonan intereses al prestamista. Ahora bien, justamente por ello, si el monto de moneda fiat es muy superior a su demanda inversora, la moneda fiat tenderá a depreciarse. Ninguno de todos estos fundamentales fenómenos es considerado por Mosler cuando se limita a recomendar impresión de moneda fiat para aumentar el gasto agregado.

Una mala teoría de la producción agregada

Pero la teoría monetaria de Warren Mosler no es solo una teoría monetaria, sino también una teoría fiscal: como decimos, cuando el Estado imprime moneda fiat está, en realidad, emitiendo deuda fiscal y lo está haciendo para incrementar su gasto público. Y, en este sentido, su teoría fiscal no es solo una teoría fiscal, sino una teoría sobre la producción agregada: cuando el Estado gasta está, a su vez, determinando qué debe y qué no debe producirse.

La teoría de la producción agregada de Mosler es harto simple: el Estado ha de gastar en lo que quiera y ha de proporcionarle un empleo a todo aquel que quiera trabajar y que no encuentre ocupación en un mercado libre. Básicamente, pues, Mosler no está respondiendo a la pregunta económica esencial con respecto a la producción, a saber, qué debe producirse. O, más bien, la respuesta que ofrece es del todo hueca, a saber, hay que producir cualquier cosa con tal de que se alcance el pleno empleo o se satisfaga la voluntad el Estado: «Si la gente desea trabajar y ganar dinero, pero no lo quiere gastar, ¡no pasa nada! El Estado puede seguir o reduciendo los impuestos hasta que decidamos comprar nuestra propia producción, y/o comprar directamente la producción».

Pero al adoptar esta perspectiva, Mosler está abandonando la perspectiva económica. La Economía se encarga de estudiar cómo unos recursos que son escasos se destinan a los fines más valiosos. ¿Más valiosos para quién? Para los agentes económicos que participan voluntariamente en un esquema de división del trabajo. ¿Produciendo cualquier cosa que genere empleo y se ajuste a la voluntad del Estado se logra satisfacer los fines más urgentemente demandados por los agentes económicos? No necesariamente o, mejor dicho, no en casi ningún supuesto imaginable: el Estado es incapaz de efectuar cálculos económicos competitivos y, por tanto, es incapaz de darle un uso racional a gran escala a los recursos (Mises 1920).

Mas si el Estado no economiza recursos, ¿qué está haciendo cuando gasta? Despilfarrarlos, esto es, darles un uso subóptimo. No es que un mercado libre no pueda darle un uso subóptimo a los recursos escasos: es que cuando se lo da, se desata una tendencia que aboca al desempleo a aquellos factores que no estén generando valor (quiebras empresariales y aumento del paro). Ése es el mecanismo último que permite que el mercado vaya –vía prueba, error y rectificación– ajustándose y reajustándose. El desempleo no es un mecanismo para estabilizar el valor de la moneda fiat –como dice Mosler– sino para interrumpir aquellos planes empresariales que destruyen valor económico. En cierto modo, podríamos decir que las quiebras y el desempleo son el mecanismo con los que –en términos popperianos– se falsan los planes productivos dentro del mercado. Pero si el Estado se arroga como cometido proporcionar siempre un empleo a todo aquel que lo demanda, ¿cómo falsar la conveniencia de una decisión productiva que se mantiene inmutable mientras el Estado así lo quiera? Imposible: el Estado carece de una realimentación exógena que le indique su acierto o su error. Por eso Mosler carece de una teoría sólida sobre la producción agregada: porque solo se preocupa por que el gasto agregado maximice el empleo *en cualquier actividad.*

Pero los errores del economista de la MMT con respecto a la producción agregada no terminan aquí: no se trata solo de que no considere relevante responder a la cuestión de qué bienes deben producirse, es que tampoco considera relevante responder a la cuestión de cuándo y con qué niveles de riesgo deben producirse esos bienes. Dicho de otra manera, Mosler no solo pasa por alto la necesaria coordinación entre oferta y demanda (entre productos fabricados y productos deseados), sino también la coordinación entre una oferta cuyas condiciones productivas exhiben unas determinadas características de tiempo (cuándo estará disponible cada bien) y de riesgo (con qué probabilidad estará disponible cada bien) y entre una demanda que también exhibe unas determinadas preferencias de tiempo (cuándo quiero que esté disponible cada bien) y de riesgo (qué riesgos estoy dispuesto a asumir con respecto a cada bien).

Mosler ignora completamente el análisis de la compatibilidad entre el perfil temporal y de riesgo de la estructura de producción y las preferencias temporales y de riesgo de los consumidores. Por eso, en su libro, defiende que el Estado imponga unos tipos de interés a corto plazo del 0% (esto es, unos tipos que no indican el valor que posee el tiempo y el riesgo para los ahorradores en el corto plazo), piensa que la inversión crea el ahorro necesario para financiarla (cuando evidentemente una inversión con unas características determinadas de tiempo y riesgo no engendra un volumen de ahorro de iguales características), opina que la Seguridad Social no puede quebrar (ya que siempre será posible imprimir suficiente moneda fiat para pagar las pensiones) y sostiene que jamás existe problema alguno con los déficits exteriores, exhiban éstos el nivel que exhiban (esto es, que sobreendeudarse a corto plazo con el extranjero nunca acarrea ningún problema).

Si Mosler no omitiera todos estos problemas, lo tendría mucho más complicado para defender que el Estado puede imprimir cuánta moneda fiat desee para gastar en lo que desee: en la medida en que el Estado desconozca las preferencias variadas y dinámicamente cambiantes de los agentes económicos a propósito de qué debe producirse, cuándo debe producirse y con qué nivel de riesgo debe producirse, el Estado no debería «promover la actividad económica» gastando en ella, pues en realidad solo estará despilfarrando recursos escasos (dándoles un uso sistemáticamente subóptimo a esos recursos escasos). Tan solo ocultando todas estas dificultades cruciales e insalvables puede defenderse que el Estado debe endeudarse (en moneda fiat) para estimular la actividad por la vía de producir cualquier cosa.

En definitiva, la versión de la MMT que defiende Warren Mosler es una mala teoría monetaria porque es una mala teoría fiscal y es una mala teoría fiscal porque es una mala teoría sobre la producción agregada: y es una mala (o nula) teoría sobre la producción agregada por ser una mala teoría sobre la coordinación económica. Los siete fraudes mortalmente inocentes que denuncia Mosler no son fraudes, sino sensatas cautelas contra una irracionalidad antieconómica que Warren Mosler quiere establecer a través del alocado intervencionismo monetario del Estado.

APÉNDICE:
EL ORIGEN DEL DINERO

Tal como explicamos en la introducción, la Modern Monetary Theory a la que se adscribe Warren Mosler cuenta con dos patas: una teoría sobre la política monetaria y una teoría sobre el origen del dinero de raigambre chartalista. A lo largo de las páginas anteriores ya hemos tenido ocasión de criticar extensamente la primera de estas patas, pero no hemos tratado la segunda. Aunque Mosler no hace referencia explícita a ella en su libro, conviene dedicar este apéndice a mostrar dónde yerra el chartalismo para, de ese modo, disponer de una refutación completa de la MMT.

Pero dado que la tesis del chartalismo se construye en oposición a la tesis del origen evolutivo del dinero, comenzaremos por exponer esta última teoría para posteriormente relatar (y rechazar) las críticas chartalistas a la misma.

El origen evolutivo del dinero

La teoría sobre el origen evolutivo del dinero fue desarrollada por el economista austriaco Carl Menger en diversas obras pero muy especialmente en su libro *El dinero* (1909). Dándole a la teoría mengeriana una relectura actualizada, podríamos sintetizarla del siguiente modo.

En un grupo humano donde el trabajo está total o parcialmente dividido resulta necesario distribuir entre sus miembros el excedente de producción. En este sentido, existen dos opciones: que la redistribución se efectúe de un modo centralizado (una autoridad central decide quién se queda con cada porción del excedente) o de un modo descentralizado (cada individuo intercambia su excedente productivo con otros individuos). Así las cosas, dentro de este segundo tipo de comunidad –una comunidad basada en la división del trabajo y en los intercambios descentralizados–, solo habrá originalmente dos maneras de practicar tales intercambios: a través del trueque spot y a través del trueque diferido.

El trueque spot puede definirse como un intercambio directo y al contado de dos mercancías: el sujeto A desea la mercancía X y tiene la mercancía Z, mientras que el sujeto B desea la mercancía Z y tiene la mercancía X, de modo que resulta mutuamente ventajoso intercambiarlas (esto es, que el sujeto A pase a convertirse en propietario de X y el agente B en propietario de Z). Concluido el intercambio, ambos sujetos poseerán en ese preciso momento (de ahí que el intercambio sea *spot*) la mercancía que exactamente desean (de ahí que el intercambio sea *directo*). Podemos representar las operaciones típicas vinculadas al trueque spot en forma de balances (si bien, dado que no tenemos valores monetarios de los bienes, en realidad serían simples inventarios y no balances).

Agente A en t=0

Activo	Pasivo
Mercancía Z	Fondos propios

Agente B en t=0

Activo	Pasivo
Mercancía X	Fondos propios

Agente A en t=1

Activo	Pasivo
Mercancía X	Fondos propios

Agente B en t=1

Activo	Pasivo
Mercancía Z	Fondos propios

El trueque diferido, por su parte, consiste en un intercambio directo y aplazado de dos mercancías: el sujeto A desea la mercancía X y tiene la mercancía Z, mientras que el sujeto B desea la mercancía Z pero todavía no tiene la mercancía X, de modo que podría resultar mutuamente ventajoso que el sujeto A le entregara la mercancía Z a cambio del derecho a reclamarle en el futuro la mercancía X al sujeto B. De una forma todavía más general, el sujeto A podría poseer la mercancía Z y no necesitar en ese momento ninguna otra mercancía, pero aun así podría interesarle su venta al sujeto B a cambio de un derecho de crédito parcialmente indefinido contra B: básicamente, B le debería a A alguna mercancía por especificar en algún momento futuro también por especificar. El trueque diferido es, pues, un intercambio incompleto: solo uno de los sujetos (el deudor) adquiere originalmente la propiedad de la mercancía que desea, mientras que el otro sujeto (el acreedor) no la adquirirá hasta el futuro (de ahí que sea un intercambio *diferido*).[1]

[1] El trueque diferido recibe distintas denominaciones en la antropología, entre las que destacan «intercambio aplazado», «reciprocidad aplazada» o «reciprocidad generalizada». El antropólogo Karl Heider lo describe del siguiente modo: «La reciprocidad generalizada es la forma de intercambio más estudiada por los antropólogos, ya que es la forma típica de intercambio en las economías que no son de mercado. También se la conoce como reciprocidad aplazada: ocurre entre personas y grupos cercanos o aliados y se materializa en un intercambio que tarda tiempo en ser publicado: A le da algo a B, pero B no le da algo inmediatamente a A. Este intercambio aplazado resulta posible por los estrechos lazos sociales (preexistentes o de nueva creación) y normalmente genera o mantiene relaciones complejas entre las personas ("si los amigos se hacen regalos, los regalos hacen amigos")» (Heider 2000). El trueque diferido se da tanto en sociedades primitivas como en sociedades modernas. Por ejemplo, entre las primeras podemos citar el ejemplo de los ¡Kung: «Los ¡Kung refuerzan sus lazos de amistad a través del sistema de reciprocidad aplazada, también conocido como hxaro. Practicar el hxaro con alguien equivale a darle a esa persona un regalo entendiendo que en algún momento futuro esa persona le hará un regalo de vuelta al donante. Regalos apropiados para el hxaro son mantas, collares y otros objetos similares. Las partes de un intercambio hxaro intentan devolver regalos de un valor aproximadamente equivalente, pero el aspecto más importante del hxaro es la relación social que contribuye a reforzar entre las partes» (Plattner 1989). Entre las segundas podemos mencionar la

Agente A en t=0

Activo	Pasivo
Mercancía Z	Fondos propios

Agente B en t=0

Activo	Pasivo
Mercancía X en t=2	Fondos propios

Agente A en t=1

Activo	Pasivo
Derecho de crédito contra B	Fondos propios

Agente B en t=1

Activo	Pasivo
Mercancía Z Mercancía X en t=2	Deuda en favor de A Fondos propios

Agente A en t=2

Activo	Pasivo
Mercancía X	Fondos propios

Agente B en t=2

Activo	Pasivo
Mercancía Z ~~Mercancía X~~	~~Deuda en favor de A~~ Fondos propios

El trueque spot acarrea la ventaja de que ambas partes ven satisfechas sus necesidades al mismo tiempo, pero tiene importantes desventajas. La primera es que debe existir una coincidencia espacial entre demanda y oferta: el sujeto A debe tener lo que quiera B y el sujeto B debe tener lo que quiera A. La segunda es que debe existir una coincidencia temporal entre demanda y

---

Rusia postsoviética: «La forma más común de trueque bilateral es el intercambio aplazado. Los encuestados enfatizaron que este tipo de trueque implica una desigualdad entre ambas partes, ya que una obtiene los bienes que desea cuando los desea, mientras que la otra tiene que esperar (y no se le recompensa necesariamente por la espera)» (Humphrey 2000).

oferta: el sujeto A no solo debe tener lo que quiera B, sino tenerlo *cuando* lo quiera B; y, a su vez, el sujeto B no solo debe tener lo que quiera A, sino tenerlo *cuando* lo quiera A. La tercera es que debe existir una coincidencia cuantitativa entre demanda y oferta: el sujeto A no solo debe tener lo que quiera B y cuando lo quiera B, sino *en las cantidades exactas* en que lo quiera B; a su vez, el sujeto B no solo debe tener lo que quiere A y cuando lo quiera A, sino *en las cantidades exactas* en que lo quiera A. Si falla alguna de estas características, el trueque spot no tendrá lugar o solo acaecerá de manera parcial e imperfecta. Por ejemplo, si el sujeto A posee cinco hogazas de pan y desea una casa, no podrá efectuar intercambio alguno aun cuando encuentre a un constructor de viviendas que desee hogazas de pan: primero, porque cinco hogazas serán previsiblemente insuficientes para adquirir una vivienda; segundo, porque aun cuando el sujeto A fuera capaz de hornear a corto plazo miles de hogazas de pan, el constructor es dudoso que desee disponer ahora mismo de miles de hogazas de pan, pues no podrá consumirlas todas de golpe y con el paso de los días terminarán estropeándose.

El trueque diferido permite superar gran parte de estas desventajas. La coincidencia espacial, temporal y cuantitativa no resultan necesarias o solo en mucha menor medida: el sujeto A puede no tener todavía las cantidades exactas de las mercancías que desea el sujeto B y, aun así, adquirir la propiedad de las mercancías que posee B a cambio del compromiso (deuda) de atender las demandas futuras de B. En nuestro ejemplo anterior, el sujeto A podría comprarle la vivienda al constructor a cambio del compromiso de entregarle cada día una hogaza de pan durante los próximos 30 años. El trueque diferido, pues, parece solventar y superar los problemas de coordinación propios del trueque spot, erigiéndose en el mecanismo natural para efectuar los intercambios descentralizados dentro de una sociedad donde el trabajo se halle dividido.

Sin embargo, el trueque diferido dista de ser perfecto. Sus dos mayores inconvenientes son, por un lado, la ausencia de un patrón en el que expresar el valor líquido de las deudas en especie; por otro, que solo puede practicarse por parte de sujetos que confían entre sí.

La ausencia de un patrón en el que expresar el valor líquido de las deudas en especie complica que ambas partes salgan beneficiadas en ausencia de una completa especificación ex ante de la deuda. Como ya hemos expuesto, la forma más general de trueque diferido es intercambiar una mercancía presente y específica por una mercancía futura no especificada de antemano. En muchas ocasiones, una de las partes del intercambio no tiene ni siquiera por qué conocer desde un comienzo cuáles serán sus necesidades futuras y, por tanto, qué bienes necesitará para satisfacerlas, de modo que el único intercambio que puede llegar a interesarle es uno que le deje las opciones abiertas de cara al futuro. Un ejemplo típico es el llamado intercambio de favores: el sujeto B le presta un servicio al sujeto A a cambio de que el sujeto A le preste *algún* servicio en el futuro al sujeto B. El problema, obviamente, es que la postdeterminación de la prestación adeudada al sujeto B expone a una elevada incertidumbre tanto al sujeto B como al sujeto A: si no hay un acuerdo ulterior entre las partes, la prestación final (impuesta por vía judicial, por ejemplo) podría terminar siendo insuficiente para el sujeto B o demasiado gravosa para el sujeto A (de modo que, ex post, una de las dos partes hubiese preferido no acometer el intercambio). Una forma de solventar este problema derivado de la falta de un patrón en el que expresar desde un comienzo el valor líquido de las deudas es mediante «escalas de valor socialmente reconocidas», esto es, tablas de bienes cuyo valor sea reputado socialmente como equivalente: pero es obvio que estas tablas son una solución ineficiente al problema de fondo, ya que las equivalencias de valor socialmente aceptadas no tienen por qué coincidir con las valoraciones de los agentes particulares que participan en un intercambio (es decir, que socialmente se considere que una vaca tiene el mismo valor que 20 gallinas no significa que las partes de un intercambio así lo consideren).

El otro problema del trueque diferido es la información asimétrica: las partes no poseen toda la información necesaria acerca de la contraparte como para anticipar si va a cumplir en el futuro con su deuda, de modo que solo estarán dispuestas a practicar intercambios diferidos en caso de que confíen entre sí. En concreto, el sujeto que vende su mercancía a crédito debe confiar en que la otra parte pagará su deuda: si no confía en ello, el trueque diferido no podrá materializarse o solo lo hará de manera muy limitada. El problema de la credibilidad puede solventarse restringiendo los intercambios al entorno de confianza del agente económico (incluyendo dentro de este entorno de confianza a todo el entramado de instituciones jurídicas que tienden a asegurar el repago forzoso de la deuda). Sin embargo, esa solución es tremendamente insuficiente, ya que impide efectuar intercambios con agentes ubicados *fuera del entorno de confianza* (esto es, intercambios entre personas desconocidas o desconfiadas).

En definitiva, el trueque diferido tenderá a darse en aquellos entornos sociales de confianza y con condiciones productivas estáticas (y, por tanto, valoraciones intersubjetivas relativamente estables y generalizadas). Casos paradigmáticos de esos entornos son la familia o la tribu, donde prácticamente todos los intercambios entre partes son de tipo diferido. Ahora bien, entre tribus –o comunidades– sin instituciones jurídicas compartidas, lo normal es que impere el trueque spot ya que las deudas entre miembros de tribus distintas podrían impagarse impunemente (salvo que estemos ante intercambios de trato sucesivo donde se labra una cierta relación de confianza y donde existe una amenaza creíble en caso de impago: el suspender ulteriores intercambios). Ahora bien, como ya hemos visto, el trueque spot acarrea problemas de coordinación muy serios para las partes, lo que limita enormemente el número de intercambios potenciales fuera del círculo de confianza. Es justamente en este punto donde aparecen los incentivos para hallar algún mecanismo que supere las limitaciones del trueque diferido y del trueque spot. Siguiendo a Menger: «Solo entonces –y ciertamente no antes de que el intercambio en forma de trueque se convirtiera en una necesidad gracias a su extensión y a su importancia para la población, o en todo caso en amplios sectores de la misma– se creó la base y el supuesto previo necesario para la aparición del dinero».

Dentro de este contexto en el que el trueque diferido no puede practicarse y el trueque spot acarrea numerosos problemas, las partes tenderán a intentar mejorar su coordinación intercambiando sus mercancías no por aquellas otras mercancías que necesiten directamente para satisfacer sus necesidades, sino por otras que fueran más fácilmente intercambiables por poseer una mayor demanda final entre los restantes agentes económicos (esto es, los agentes salen beneficiados maximizando sus probabilidades de intercambio). Así, si el agente A tiene la mercancía Z, puede interesarle intercambiar su mercancía Z por una mercancía Y si es que la mercancía Y posee una mayor facilidad para ser intercambiada que su mercancía Z, aun cuando se objetivo final no sea consumir la mercancía Y (sino otra mercancía, como la X). En palabras de Menger: «El hecho es que para ciertos tipos de bienes existe solo una demanda muy exigua y esporádica, mientras que para una serie de bienes de otro tipo la demanda es más general y constante. Por tanto, quien lleva al mercado bienes de primer tipo para cambiarlos por otros de los que tiene específica necesidad, por lo general tendrá menos probabilidades de alcanzar este objetivo».

Las razones que contribuyen a que una mercancía sea más fácilmente intercambiable que otra son diversas pero podríamos mencionar las siguientes: que posea una demanda final más extensa e intensa (es decir, que mucha gente la demande en grandes cantidades), que su relación de intercambio no sea susceptible de experimentar fluctuaciones muy violentas (es decir, que su valor de realización no sea altamente incierto debido a que, por ejemplo, su oferta pueda aumentar enormemente a corto plazo), que perdure en el tiempo (es decir, que su valor pueda trasladarse al futuro para efectuar en ese momento los intercambios) y que pueda fraccionarse (es decir, que pueda intercambiarse en cantidades más pequeñas).

Por consiguiente, aquellas mercancías que reúnan estas características comenzarán a ser demandadas no porque vayan a ser objetos de consumo, sino porque van a actuar como medios indirectos de intercambio. Poco a poco, pues, esas mercancías irán acaparando una mayor demanda social que contribuirá no solo a elevar sino también a estabilizar su valor y, justamente, cuanto más estable sea su valor, mejor medio de intercambio será. Técnicamente, los agentes irán buscando un punto focal en torno al que orientar sus expectativas monetarias; a saber: el agente A aceptará el bien X como medio general de intercambio bajo la expectativa de que el agente B lo vaya a aceptar, a su vez, bajo la expectativa de que A lo acepte bajo esa expectativa de que B lo acepte (Klein y Selgin 1998).

La estabilidad de valor mejorará las aptitudes de un bien como medio de intercambio en tres dimensiones: su estabilidad ante cambios espaciales solventará los problemas de coordinación espacial propios del trueque spot; su estabilidad ante cambios temporales solventará los problemas de coordinación temporal propios del trueque spot; y su estabilidad ante cambios en las cantidades ofertadas y demandadas solventará los problemas de coordinación cuantitativa propios del trueque spot. Esa estabilidad del valor de un bien fue denominada «liquidez» por Menger.

Aquel bien empleado para los intercambios indirectos que reúna una demanda más universal y, por tanto, exhiba una mayor liquidez lo llamaremos «dinero» (una categoría que tradicionalmente ha recaído sobre el oro por reunir las propiedades anteriores). La liquidez del dinero lo facultará para desempeñar tres funciones típicas: la de medio de intercambio generalizado, la de depósito líquido de valor (o medio de intercambio aplazado) y la de unidad de cuenta (o denominador común de los precios de todos los intercambios). Cada una de esas funciones se dirige, precisamente, a solventar uno de los problemas típicos de coordinación del trueque spot, de manera que el círculo de intercambios potenciales de los agentes económicos termina desbordando sus círculos de confianza: así, por ejemplo, dos tribus enemigas pueden comerciar valiéndose del dinero, ya que, gracias al dinero, no existe ninguna necesidad de que el miembro de una tribu le proporcione crédito (potencialmente impagable) al miembro de otra tribu.

Agente A en t=0

Activo	Pasivo
100 oz. Mercancía Z	Fondos propios 100 oz.

Agente B en t=0

Activo	Pasivo
100 onzas de oro 100 oz. Mercancía X	Fondos propios 200 oz.

Agente A en t=1

Activo	Pasivo
100 onzas de oro	Fondos propios 100 oz.

Agente B en t=1

Activo	Pasivo
100 oz. Mercancía Z 100 oz. Mercancía X en t=2	Fondos propios 200 oz.

Agente A en t=2

Activo	Pasivo
100 oz. Mercancía X	Fondos propios 100 oz.

Agente B en t=2

Activo	Pasivo
100 oz. Mercancía Z 100 onzas de oro	Fondos propios 200 oz.

Pero la aparición del dinero no solo permite solventar los problemas del trueque spot, sino también parte de los del trueque diferido: en concreto, la existencia del dinero permite expresar el valor líquido de las deudas en especie en una unidad de cuenta que, al conservar intertemporalmente el valor, faculta al acreedor a acceder a cualesquiera bienes deseados en el momento deseado sin necesidad de especificar ex ante cuáles son éstos. Como dice Menger: «Gracias a la acuñación, los metales destinados a hacer de dinero son susceptibles de convertirse en materia de obligaciones genéricas y cantidades deudoras de contenido exactamente determinado, puntual y fácilmente liquidables (en metal amonedado) con un simple cómputo». Por esta vía, pues, la existencia del dinero no solo potencia los intercambios al contado (intercambiar una mercancía por dinero), sino también los intercambios a crédito, pasando a ser ese crédito pagadero no en especie, sino en dinero.

Agente A en t=0

Activo	Pasivo
100 oz. Mercancía Z	Fondos propios 100 oz.

Agente B en t=0

Activo	Pasivo
100 oz. Mercancía X en t=2	Fondos propios 100 oz.

Agente A en t=1

Activo	Pasivo
100 oz. Derecho de cobro contra B	Fondos propios 100 oz.

Agente B en t=1

Activo	Pasivo
100 oz. Mercancía Z 100 oz. Mercancía X	Deuda en favor de A 100 oz. Fondos propios 100 oz.

Agente A en t=2

Activo	Pasivo
100 oz. Mercancía X	Fondos propios 100 oz.

Agente B en t=2

Activo	Pasivo
100 oz. Mercancía Z ~~100 oz. Mercancía X~~	~~Deuda en favor de A 100 oz.~~ Fondos propios 100 oz.

Por consiguiente, la teoría sobre el origen evolutivo del dinero permite explicar cómo el dinero emerge descentralizadamente en aquellos contextos en los que la confianza entre las partes está ausente o allí donde las escalas sociales de valor son demasiado imprecisas y donde, por consiguiente, se hace necesario un depósito de valor líquido en el que denominar las deudas: los agentes seleccionan descentralizada y competitivamente los bienes económicos con un valor relativamente estable y pasan a emplearlos como medios de cambio indirecto, hasta que alguno de esos bienes sobresale por encima del resto coronándose como dinero.

Llegados a este punto, conviene destacar dos aspectos que serán el germen de confusión de los chartalistas: primero, que el dinero pueda surgir evolutiva, espontánea y descentralizadamente no es incompatible con que, con anterioridad al surgimiento del dinero, se efectuaran trueques diferidos, es decir, con que los intercambios directos se efectuaran a crédito. El propio Menger reconoce que, antes del dinero y del trueque spot, ya existían obligaciones entre los miembros de una comunidad: «Mucho antes de que el trueque apareciera en la historia o adquiriera una importancia decisiva para obtener bienes, encontramos ya varias especies de obligaciones unilaterales: donaciones voluntarias o bajo presión más o menos coercitiva, tributos impuestos forzosamente, castigos de carácter patrimonial, el Wergeld, obligaciones unilaterales derivadas de relaciones familiares, etc.».

Segundo, una alternativa al surgimiento del dinero como vía para superar las limitaciones del trueque spot en comunidades entre las que no impere la confianza es la conquista y unificación político-jurídica de ambas comunidades, de modo que una misma autoridad pueda imponer por la fuerza el cumplimiento de las deudas sobre ambos territorios. En tal caso, el trueque diferido podría practicarse entre ambas comunidades económicas sin necesidad de que el dinero emerja espontáneamente. Si, además, esa autoridad estatal impusiera una escala de valor social en la que todas las deudas en especie fueran equivalentes a una misma mercancía, el Estado estaría a su vez solventando el problema de inexistencia de un valor líquido de las deudas en especie; para ello, únicamente sería necesario que ese bien en el que fueran residualmente liquidables las deudas por imposición estatal tuviera, además, una utilidad propia: en tal caso, el Estado puede ora escoger un bien que ya tuviera un valor de mercado previo a su imposición ora dotar de utilidad a un bien que no la tenga (por ejemplo, y como estudiamos en el capítulo 1, permitiendo que sea el medio empleado para abonar los tributos estatales).

Como vemos, la teoría del origen evolutivo del dinero no es incompatible con que un Estado pueda crear un entorno jurídico dentro del cual se extienda el trueque diferido y donde, además, las deudas en especie pasen a reconvertirse en deudas liquidables en un bien cuya utilidad proceda de un mandato estatal (ser el medio para abonar los impuestos). Ahora bien, nada de esto significa que, por un lado, el dinero no pueda desarrollarse paralelamente por el proceso evolutivo ya estudiado y, por otro, que la expansión del trueque diferido vía centralización político-jurídica e imposición estatal de un medio en el que liquidar residualmente las deudas en especie no sea una solución carente de problemas adicionales. Estos problemas son: primero, el imperialismo y la dominación estatal no suelen desarrollarse de manera pacífica y voluntaria, lo que implicaría que, si excluimos del análisis el surgimiento evolutivo, espontáneo y descentralizado de un dinero internacional, la vía más estable para extender el ámbito de los intercambios y la división del trabajo sería la invasión militar. Segundo, si el Estado escoge un bien económico con utilidad y liquidez preexistente a su imposición como medio para saldar residualmente las deudas en especie, habrá sido en realidad el mercado –y no el Estado– quien habrá otorgado utilidad y liquidez de manera *previa* a ese bien escogido a posteriori por el Estado; si, por el contrario, el Estado escoge un bien sin utilidad previa pero lo convierte en útil dándole la capacidad para saldar los créditos unilaterales que posee contra la sociedad (tributos), en realidad lo que estará creando el Estado es una deuda fiscal contra sí mismo en la que el resto de agentes económicos puedan saldar las restantes deudas en especie: es decir, el valor de esa deuda fiscal dependerá en última instancia de la credibilidad del Estado frente al mercado, lo que puede ser harto inconveniente cuando la confianza en el Estado se tambalee o cuando el Estado opte por abusar de la confianza en beneficio propio (unos inconvenientes que no existen cuando el dinero brota evolutiva, espontánea y descentralizadamente, esto es, sin que sea impuesto por el Estado).

Aclarados estos aspectos, podemos proceder a analizar la teoría chartalista sobre el origen del dinero.

La teoría chartalista sobre el origen del dinero

La moderna teoría chartalista sobre el origen del dinero se desarrolla sobre la obra de dos pensadores: Georg Friedrich Knapp y Alfred Mitchell-Innes.

Knapp es el padre del chartalismo, esto es, de la doctrina que propugna que el «dinero es una criatura de la ley». Sin embargo, este economista alemán de finales del s. XIX y principios del s. XX adoptaba, en realidad, una postura bastante menos radical que la de los modernos chartalistas. Para empezar, Knapp no negaba que socialmente pudiese emerger un medio de intercambio generalizado. Tal como afirmaba en su libro *The State Theory of Money* (1895): «La mercancía usada como medio general de intercambio es una institución de relaciones sociales; se trata de una mercancía que ha adquirido un uso especial en sociedad primero mediante la costumbre, luego a través de la ley. Esta mercancía socialmente reconocida como medio de intercambio es, por supuesto, siempre un medio de pago». Sucede que Knapp opinaba que el Estado era capaz de elevar a esos medios de pago hasta una fase evolutiva superior logrando que circularan no en función de su valor intrínseco, sino del valor proclamado por la ley: a esos medios de pago cuyo valor se determina legalmente es a los que Knapp llamaba «medios chartales de pago» o dinero.

Pero, pese a las apariencias, la teoría de Knapp no es tanto una teoría exclusivamente estatal sobre el origen del dinero, sino una teoría contractualista sobre el origen del dinero. El propio Knapp lo dejó bien claro en su libro: «El Estado puede crear una unidad de valor porque es una comunidad de pagos, no porque sea Estado. El Estado es solo la más familiar y la más antigua de las comunidades de pagos, pero no es la única. La organización jurídica de una comunidad de pagos es la que crea la unidad de valor. Esto supone una importante ampliación del punto de vista con el que empezamos este libro: al inicio asumimos que el Estado era la única comunidad de pagos (…) Tal como dijimos, todo lo relacionado con el pago es una creación de la ley; pero a esto debemos añadir ahora "de la ley del Estado o de la ley de las comunidades privadas de pago"». Knapp, por consiguiente, no excluye que los medios de pago puedan emerger del mercado;

solo describe una vía alternativa a su emergencia evolutiva, espontánea y descentralizada: a saber, su creación contractual y centralizada. Dicho de otro modo, el proceso evolutivo descrito por Menger sirve para explicar el surgimiento del dinero como medio de intercambio *entre* miembros de distintas comunidades, lo que no es incompatible con que las propias comunidades pueden crear *internamente* medios de pago basados en el crédito.

Distinto es el caso del otro padre intelectual del chartalismo, Alfred Mitchell-Innes, quien sí consideraba que todo dinero es una creación del Estado. De entrada, el economista inglés pensaba que todo dinero era necesariamente una forma de crédito. En *What is Money?* (1913) sentenciaba: «El dinero es crédito y nada más que crédito. El dinero de A es lo que le adeuda B, de manera que cuando B paga, el dinero de A desaparece». En este sentido, Mitchell-Innes opinaba que el Estado compraba bienes y servicios en el mercado entregando a cambio unos papelitos que posteriormente eximían a los compradores de pagar impuestos. En *The Credit Theory of Money* (1914) sostuvo que: «El Estado, al adquirir bienes y servicios dentro de un país, emite como pago enormes cantidades de pequeñas piezas-signo conocidas como monedas o billetes, y que son reembolsables mediante el sistema impositivo». Justamente, la moderna teoría chartalista en la que se basa la MMT toma prestadas sus ideas de la obra de Mitchell-Innes en su doble vertiente: la crítica teórica e histórica al supuesto origen evolutivo del dinero.

En el plano teórico, los modernos chartalistas le reprochan a Menger el haber incurrido en dos razonamientos circulares: el problema de la identificación y el problema de la elección espontánea. El primero, según expone Pavlina Tcherneva (2005), se refiere al razonamiento circular que reza que «el dinero es universal porque los agentes racionales lo utilizan y los agentes racionales lo utilizan porque es universal (...) [es decir] los beneficios de usar un tipo determinado de mercancía como medio de cambio solo pueden reconocerse después de que la mercancía ya esté siendo utilizada». El segundo razonamiento circular se refiere a la idea de que, en palabras de Tcherneva, «el dinero es un depósito de valor abstracto porque es un medio de pago y es un medio de pago porque es un depósito de valor abstracto. No hay ninguna propiedad específica que le conceda al dinero un estatus especial, por lo que en ausencia de una causa inequívoca que explique el uso del oro, de las tarjas o de la sal como dinero, la elección espontánea se convierte en un elemento esencial que debe asumirse a priori».

Como modelo teórico alternativo al origen evolutivo y descentralizado del dinero, los nuevos chartalistas proponen el modelo del «gobernador hipotético», planteado por Randall Wray en *Understanding Modern Money* (1998). Wray supone que una mujer es nombrada gobernadora de una colonia que carece de mercados, de precios y de dinero. Si en ese contexto la gobernadora quiere que los indígenas le presten ciertos servicios, tiene la opción de imponerles un tributo que solo será pagadero en un tipo de moneda que ella ofrezca a cambio de los distintos trabajos que desea que sean realizados (tal moneda podría materializarse en cualquier soporte, pues lo único relevante es que los indígenas se verían forzados a demandarla a cambio de su tiempo de trabajo). En caso de hacerlo, con el tiempo los propios indígenas podrían emplear esa moneda en sus intercambios internos y privados, dado que al tratarse de un bien que todos necesitan poseer en sus justas cantidades, su aceptación por parte del conjunto de la sociedad queda garantizada.

En el plano histórico, los modernos chartalistas tratan de demostrar que la narrativa mengeriana es errónea, por cuanto ningún dinero ha emergido históricamente del trueque spot. Para ello, se basan por ejemplo en la obra del afamado historiador David Graeber, quien en su libro *Debt: The first 5.000 years* (2011) afirma que: «La autora que más ha estudiado el trueque desde un punto de vista antropológico, Caroline Humphrey, de la Universidad de Cambridge, no podría ser más taxativa en sus conclusiones: "Nunca se ha hallado ningún ejemplo de una economía basada en el trueque puro y simple, y mucho menos de una economía donde el dinero haya emergido a partir del trueque; toda la evidencia etnográfica sugiere que jamás ha existido tal cosa"». Y añade Graeber: «Lo que estos textos revelan es que los sistemas de crédito precedieron la acuñación de moneda en varios miles de años». El paso siguiente en la teoría chartalista es ligar, como hacía Mitchell-Innes, el origen del dinero a la unidad de cuenta impuesta estatalmente para expresar el valor de las deudas, especialmente de las deudas que los ciudadanos mantenían con las entidades político-religiosas del país. Tal como resume otro autor, muy crítico con la teoría mengeriana sobre el origen evolutivo del dinero, Stephen Zarlenga (1994): «Este artículo presenta abundante evidencia empírica de que el origen institucional del dinero, ya sea religioso o social, es mucho más probable que la hipótesis mengeriana de que emergió del mercado y para ello nos apoyamos en las siguientes obras: *The Origin of Metallic Weights and Standards*, de William Ridgeway; *A Survey of Primitive Money*, de A.H. Quiggin; *Primitive Money in Its Ethnological, Historical and Economic Aspect*, de Paul Einzig; y *Heileges Geld*, de Bernard Laum».

La teoría chartalista sobre el origen estatal del dinero parece internamente consistente y, lo que es más importante, sólidamente respaldada por la evidencia empírica. Pero ninguna de ambas apariencias es cierta.

Comencemos con las críticas teóricas al origen evolutivo del dinero. Como ya vimos, los chartalistas reprochan que la teoría sobre el origen evolutivo del dinero adolece de dos razonamientos circulares: el problema de identificación y el problema de la elección espontánea. Pero no existe razonamiento circular alguno. Cuando los chartalistas presumen que existe el problema de identificación –el dinero es universal porque todos lo utilizan y todos lo utilizan porque es universal– están asumiendo que la condición de dinero es binaria: o se es dinero o no se es dinero, cuando un bien puede ir siendo cada vez más aceptado como medio de intercambio indirecto conforme su demanda como tal vaya aumentando (por tanto, un bien puede ir adquiriendo la cualidad de dinero evolutiva y gradualmente). Por otro lado, el problema de la elección espontánea –el dinero es depósito de valor porque es medio de cambio y es medio de cambio porque es depósito de valor– tampoco tiene base alguna: por necesidad, todo dinero es, durante períodos de tiempo más o menos prolongados, un medio de cambio y un medio de no-cambio; es decir, durante el período de tiempo en el que un bien empleado como medio de cambio indirecto mantiene su valor puede emplearse como medio de cambio y también –por definición– como medio de no-cambio (es decir, como depósito de valor) a la espera de encontrar una oportunidad de intercambio superior en el mercado: es más, aun cuando un buen medio de cambio fuera un mal depósito de valor, dentro de una sociedad podrían aparecer sistemas monetarios duales, de modo que distintos bienes desempeñaran ambas funciones del dinero por separado (por ejemplo, el ganado y la sal, o la plata y el oro).

De hecho, si algo falla a la hora de explicar el origen del dinero es el modelo chartalista del «gobernador hipotético». Que el Estado obligue a los ciudadanos a pagar impuestos en un determinado bien no implica que ese bien vaya a terminar empleándose generalizadamente como medio de intercambio, como depósito de valor líquido o como unidad de cuenta. Al cabo, los agentes económicos podrían emplear otros bienes como medio de cambio, depósito de valor y unidad de cuenta limitándose a adquirir el bien designado por el Estado cuando tuvieran que pagar impuestos. Del hecho de que los ciudadanos tengan que pagar impuestos en un bien X no se deriva que ese bien X vaya a usarse como dinero en todas las restantes transacciones. Tampoco es decisivo que el

Estado esté obligado a aceptar el bien X como medio para saldar impuestos: los casinos también están obligados a aceptar sus fichas por el valor monetario que el propio casino les atribuye y eso no provoca que se empleen como medio general de intercambio *fuera del casino* (aunque en algunos contextos sí pueden disfrutar de una cierta circulación limitada). Ciertamente, uno podría argumentar que casi todo el mundo ha de pagar impuestos y, por tanto, la demanda del bien X será muy amplia. Pero si aceptáramos esta réplica, deberíamos a su vez concluir que aquellos Estados con una menor presión fiscal o donde muy pocos individuos estuviesen obligados a pagar impuestos serían incapaces de imponer su propio dinero estatal: algo que los chartalistas se han negado a admitir hasta el punto de afirmar que un impuesto sobre un único individuo sería suficiente para que un bien X deviniera dinero. En palabras de Wray (1998): «No es necesario que exista un impuesto de capitación sobre todos los individuos. Supongamos que solo la mitad de la población estuviese obligada a pagar impuestos. Aun así, la mitad que no los paga estaría deseosa de hacer cosas para obtener dinero, pues ellos pueden inducir a la primera mitad a que haga cosas en su favor a cambio del dinero que necesitan para pagar impuestos. De hecho, la lógica nos lleva inexorablemente a concluir que, en el extremo, un impuesto sobre un único individuo bastaría para crear una demanda por el dinero que le permitiera al Estado adquirir bienes y servicios del mercado (¡supongamos que el Estado establece un impuesto de 1,2 billones de dólares sobre Bill Gates!)».

Es evidente que algo falla en la explicación chartalista por cuanto si bastara un único impuesto para que un bien se transformara en dinero, las fichas de casino también serían un dinero universal: y lo que falla es que, si bien una amplia demanda cautiva de los contribuyentes facilita enormemente que un bien se convierta en medio de cambio general y en unidad de cuenta (como el propio Menger admitía), *solo con eso* no basta. Al final, es necesario que el mercado acepte utilizar el dinero estatal como medio de cambio y unidad de cuenta por cuanto considere que va a desempeñar sus funciones monetarias razonablemente bien (para lo cual es imprescindible que no desaparezca la confianza en la capacidad del Estado para estabilizar el valor de la divisa): pero, en tal caso, regresamos a la teoría del origen evolutivo del dinero, donde el Estado es solo uno de los agentes que, por su tamaño específico, mayor influencia puede ejercer a la hora de determinar la emergencia descentralizada del dinero.

Y si la crítica teórica es poco sólida, la evidencia empírica no lo es menos. Por ejemplo, después de haber rechazado que el trueque spot fuera relevante en la antigüedad, David Graeber reconoce que en algunos ámbitos sí lo era. El primero, en los intercambios entre extranjeros: «Nada de lo anterior significa que el trueque jamás haya existido (ni siquiera que nunca haya sido practicado por esa gente que Smith calificara de "salvajes"). Solo significa que no fue empleado casi nunca entre paisanos. En general, se dio entre extranjeros, incluso entre enemigos (...) Lo que todos los casos de comercio por trueque tienen en común es que son encuentros entre extraños que probablemente no se vuelvan a encontrar más y con quienes ciertamente no se mantendrán relaciones duraderas. Ese es el motivo por el que el intercambio directo uno a uno es el adecuado: cada sujeto cumple con su parte y luego se marcha». El segundo, en períodos de alta incertidumbre, como las guerras, donde ni siquiera los Estados son confiables: «Si echamos una ojeada a la historia eurasiática de los últimos 5.000 años, presenciaremos amplia alternancia entre períodos dominados por el dinero-crédito y periodos dominados por el oro y la plata (...) ¿Por qué? El factor más importante parece ser la guerra. Los metales predominan, sobre todo, en períodos de violencia generalizada». Es decir, el trueque spot –y su mecanismo superador: el dinero– se empleaba justo donde la teoría del origen evolutivo del dinero sostiene que tenía sentido emplearlo: entre personas que no confiaran entre sí; algo que el propio Graeber se ve forzado a admitir: «El típico escenario de los economistas basado en el [origen evolutivo del dinero a partir del] trueque podría ser absurdo cuando se trata de transacciones entre vecinos dentro de la misma comunidad rural, pero cuando se trata de transacciones entre el residente de una comunidad y un mercenario que está de paso por esa comunidad, comienza a cobrar mucho más sentido. Durante la mayor parte de la historia, un lingote de oro o plata, acuñado o no, ha jugado el mismo papel que el maletín lleno de billetes sin marcar: un objeto sin historia, valioso porque todos saben que se aceptará sin preguntas en cualquier lugar a cambio de otros bienes».

Lo mismo reconocen otros dos autores chartalistas modernos como el ya mentado Wray y su coautor Tymoigne en *Money: An Alternative Story* (2005). Después de decir que «todos los instrumentos monetarios han sido siempre deudas. Incluso las monedas de oro eran en realidad deudas de la corona», reconocen que «cuanto mayor fuera la probabilidad de impago por parte del Estado soberano (incluyendo la deuda expresada en forma de monedas y tarjas), tanto más atractivos se volvían los metales preciosos como manera de registrar las deudas. En otras palabras, a los soberanos no confiables se les demandaban monedas con alto contenido metálico». Los propios autores reconocen que este fenómeno sucedió espontáneamente en varias ocasiones a lo largo de la historia: «[Durante la transición del feudalismo al capitalismo] se registraron diversos períodos de anarquía monetaria debido a la falta de control del sistema monetario por parte de los reyes y de su administración. Por razones complejas, el valor de las monedas se fue acercando más y más al de los metales preciosos que contenían. Lo que empezó siendo una moneda-signo, que indicaba una deuda del emisor, se transformó en una forma misteriosa de dinero con valor intrínseco. Parte del apego a la moneda de metal precioso se debía al hecho de que éstas poseerían valor fuera del dominio del soberano. Además, el emisor no iba a ser capaz de envilecer el valor de la moneda por debajo del valor metálico que éstas contenían».

Por último, conviene consultar las principales fuentes historiográficas en las que dice basarse Zarlenga para rechazar la teoría del origen evolutivo del dinero y comprobar si las conclusiones de estos autores son verdaderamente opuestas a la teoría evolutiva mengeriana. Primero vayamos con *The Origin of Metallic Weights and Standards* (1892), de William Ridgeway (a quien, por cierto, el propio Menger citaba en su libro para *apoyar* sus tesis): «En las comunidades primitivas, todos los bienes son intercambiados entre sí a través del trueque. Aquella persona que posee ovejas las puede intercambiar con aquella persona que posee bueyes, y el dueño de cereales los puede intercambiar con la persona que posee ornamento metálico. En un principio, los metales eran simplemente reputados mercancía y no formaban parte de los medios de cambio (...) Pero cuando dentro de una comunidad había una mercancía que se usaba generalizadamente y que se hallaba disponible en abundantes cantidades, todos los valores terminaban expresándose en forma de esa unidad de cuenta. La identidad específica de esta unidad-de-trueque dependerá de la naturaleza, el clima, la posición geográfica y el nivel cultural de la comunidad». O más adelante: «Primero, es evidente que la doctrina sobre un pacto originario a la hora de elegir un bien como medio de cambio generalizado es tan falsa como la vieja idea de que el lenguaje o la ley fueron creados por convención. Todo medio de cambio tiene un valor de mercado o representa algo que tiene o ha tenido valor de mercado».

Sigamos con *A Survey of Primitive Money* (1949), de A.H. Quiggin: «El dinero para ser generalmente aceptado necesita contar con cuatro propiedades básicas (portabilidad, divisibilidad, durabilidad y diferenciación), ya sea en las conchas, abalorios o metales. También hemos probado que son necesarias dos cualidades adicionales: una geográfica y otra más difícil de definir. Los objetos usados como dinero deben ser foráneos o, si son locales, deben pertenecer a una zona o clase especial; y, además, esos objetos deben contar con prestigio o alguna virtud esencial, ya sea religiosa o mágica (…) Los metales –oro, plata, cobre, hierro u hojalata– son útiles y valiosos en todos los lugares».

Y finalicemos con *Primitive Money in Its Ethnological, Historical and Economic Aspect* (1949), de Paul Einzig, quien probablemente resuma de un mejor modo la teoría del origen evolutivo del dinero, incorporando algunas de las particularidades antropológicas que los chartalistas pretenden convertir en incompatibles con esa teoría evolutiva: «Aunque es posible que algunas de los muchos millares de comunidades que han existido a lo largo de la historia de la humanidad tomaran la decisión deliberada de inventar el dinero, todo apunta a que en la mayoría de los casos el dinero evolucionó como un proceso inconsciente y gradual (…) En el estadio intermedio entre la economía de trueque pura y la economía monetaria es aquel en el que se emplea un medio preferente para el trueque: es decir, un objeto que se acepta a cambio de bienes y servicios, pero no para su consumo directo, sino porque su tenedor espera ser capaz de intercambiarlo por otros bienes y servicios (…) Los objetos que inicialmente se escogieron como medio preferente para el trueque fueron aquellos que se esperaba que fueran aceptados por otros. Probablemente, la razón por la que ciertos objetos adoptaron este papel es que o eran artículos de consumo u ornamentación generalmente demandados, o un bien básico para la exportación, o porque eran un bien de pago diferido ampliamente demandado a los deudores. Mucha gente podía aceptar estos bienes por motivos de sacrificios religiosos, por pagos políticos (sanciones, tributos, dinero de sangre) o a modo de excrex. Todos estos motivos, así como otros no comerciales, pueden haber generalizado la demanda de estos objetos hasta convertirlos en medios de intercambio».

En general, pues, estos tres autores remarcan lo que ya hemos expuesto: el dinero se desarrolla evolutivamente sobre aquellos bienes que poseen una intensa demanda previa a su uso como dinero, lo que permite presuponer a sus tenedores que podrán utilizarlos ulteriormente como medio de intercambio para acceder a los bienes y servicios deseados: por consiguiente, los individuos no pasan a utilizar un determinado bien como dinero porque estén obligados a ello, sino por la expectativa convergente de que su demanda social será lo suficientemente amplia como para que su valor sea estable (el punto focal evolutivo del que hablábamos antes). Como decimos, el núcleo duro de la emergente demanda social del dinero será una intensa demanda no monetaria previa que, evidentemente, puede tener su raigambre institucional e intersubjetiva (religiosa, política o consuetudinaria), lo cual no es en absoluto incompatible con la teoría sobre el origen evolutivo del dinero. De hecho, Menger cifró en cinco las causas que podrían dar origen a esa amplia demanda previa de un bien y una de esas causas era: «4. Bienes que, por efecto de costumbres o de relaciones de poder, existe la obligación de ofrecerlos periódicamente en forma de prestaciones unilaterales: por ejemplo, regalos y tributos consistentes en ciertos bienes que se entregan por costumbre o en virtud de relaciones de sometimiento a personas distinguidas, sacerdotes, curanderos encumbrados, etc.; resarcimientos patrimoniales, castigos penales por daños infligidos fijados y especificados legalmente; bienes de cierto tipo para regalar, según los usos, a las novias, etcétera».

En definitiva, la narrativa chartalista sobre el origen estatal del dinero es solo un caso particular de la teoría del origen evolutivo del dinero. Es verdad que entre individuos que confían mutuamente entre sí pueden emerger comunidades de pago basadas en los intercambios a crédito y es verdad que, como decía Knapp, en tanto en cuanto el Estado puede instituir una comunidad de pagos posee, a su vez, cierto margen para crear un medio de pago basado en el crédito, pero la teoría del origen del dinero debe explicar no solo lo anterior sino cómo se articulan los intercambios cuando no se dan relaciones de confianza entre los individuos. En este sentido, la teoría del origen evolutivo del dinero nos indica que existen incentivos muy fuertes para que, espontáneamente, los agentes económicos acepten como contrapartida en los intercambios un bien cuyo valor no dependa de la credibilidad de su vendedor: es decir, un bien que posea un alto y estable «valor intrínseco» o, lo que es lo mismo, un bien que resulte muy útil para un muy amplio número de personas. Por otro lado, la evidencia empírica conduce incluso a los chartalistas a reconocer que, en aquellos contextos en los que la confianza no existe o desaparece de súbito –intercambios con extranjeros, guerras, colapso del Estado…– los agentes económicos tienden a seleccionar *evolutiva y espontáneamente* algún bien como dinero (normalmente los metales preciosos).

Así pues, fuera del círculo de confianza de un agente económico, el dinero emerge de manera evolutiva, tal como lo describió Menger. Y, en este sentido, siendo la credibilidad y la confianza entre sus miembros el elemento esencial de una comunidad de pagos, por fuerza habrá que reconocer que es la sociedad –y no el Estado– la que determina la necesidad o superfluidad del dinero (esto es, de un medio de pago no basado en la confianza): dado que el Estado no puede imponer la confianza hacia sí mismo, son los agentes económicos quienes en última instancia la aprecian y la valoran, ya sea para aceptar utilizar los medios de pago basados en el crédito del Estado o para rechazarlos y refugiarse en un bien dinerario, esto es, un medio de pago no basado en la deuda. O dicho de otro modo, el Estado influye en qué bienes o activos se convierten en candidatos a dinero, pero es el mercado el que los termine elevando a semejante categoría. A diferencia de lo que sostienen los chartalistas, la participación del Estado en ese proceso ni es necesaria ni es suficiente: no es necesaria porque, en ausencia de la participación estatal, el mercado por sí solo es capaz de descubrir sus propios medios generalizados de intercambio; no es suficiente porque, aun con participación estatal, debe ser el mercado quien escoja y acepte en última instancia los medios propuestos por el Estado.

De hecho, incluso en aquellos casos en los que una sociedad confíe en el Estado y en los medios de pago que él proporcione, habría que reconocer que un sistema monetario asentado sobre un dinero escogido evolutivamente por el mercado sin interferencias estatales es superior a uno basado en la credibilidad del Estado: a la postre, para que ninguna de las partes *abuse* de la confianza que le confiere el resto, es harto recomendable poseer un refugio externo al que escapar, esto es, un activo dinerario que no se base en la credibilidad de ningún agente particular. Así, y en contraposición, aquellos sistemas monetarios basados en deudas estatales inconvertibles en dinero –por ejemplo, la moneda fiat– tienen el defecto de que los tenedores de esas deudas estatales son rehenes del Estado, el cual poseerá indudables incentivos para abusar de esa confianza en beneficio propio; en cambio, aquellos otros sistemas monetarios cuyos medios de pago son deudas convertibles en dinero proporcionan la ventaja a los ciudadanos de poder castigar y limitar de inmediato el comportamiento irresponsable de sus emisores (forzándoles a corregir así su irresponsabilidad). Los chartalistas suelen afirmar que la definición del dinero es una manifestación soterrada de la lucha por el poder. Y, en efecto, esa afirmación tiene su pizca de razón pero en un sentido contrario al que los chartalistas creen: permitir el uso del dinero emergido evolutiva, espontánea y descentralizadamente por la sociedad es una forma de limitar el poder de aquellos deudores cuyas deudas sean empleadas como medios generales de pago dentro de una comunidad y, muy en particular, del Estado (pero también de los bancos).

Con todo, lo que debería resultar evidente es que la teoría chartalista sobre el origen del dinero se basa en seleccionar interesadamente algunos de los procesos particulares que describe de un modo mucho más completo la teoría sobre el origen evolutivo del dinero: no es una teoría universal, sino retorcidamente particular. Sería como recopilar evidencia empírica de que el ser humano puede crear nuevas especies de animales efectuando ciertos cruces entre ellas (como la mula a través del cruce de una yegua y un burro) para sugerir que la teoría de la evolución de las especies es falsa. Llegados aquí, démosle merecidamente la palabra final sobre este asunto al propio Menger: «Al igual que otras instituciones sociales, la institución de los intermediarios del intercambio al servicio del bien común –en el sentido más elevado del término– puede ser perfeccionada y alentada por la autoridad (estatal, religiosa, etc.) y en particular por la legislación. Sin embargo, no es ésta la forma originaria en la que nacieron los medios de cambio. Nos hallamos más bien en presencia de una relación análoga a la que existe entre el derecho positivo promulgado y el derecho consuetudinario. Los medios de cambio, en su origen, nacieron y se convirtieron, por progresiva imitación, en medios de uso general, no por ley o convención, sino por costumbre, o sea a través de las acciones convergentes de impulsos y proyectos intelectuales semejantes por parte de individuos que vivían juntos en sociedad. Es decir, como resultado no intencionado de aspiraciones específicamente individuales de los miembros de la sociedad, una circunstancia que no excluye evidentemente que luego el Estado promoviera o influyera en su nacimiento, como sucedió con tantas otras instituciones que se formaron de manera análoga».

BIBLIOGRAFÍA

BARR, Nicholas (2002): «Reforming pensions: Myths, truths, and policy choices». *International Social Security Review*, vol. 55, 2.

BONDONE, Carlos (2012): *Teoría de la moneda*. Buenos Aires.

EINZIG, Paul (1949): *Primitive Money in Its Ethnological, Historical and Economic Aspect.* Eyre & Spottiswoode.

FRIEDMAN, Milton (1986): The Resource Cost of Irredeemable Paper Money. *Journal of Political Economy*, vol. 94, 3.

GRAEBER, David (2011): *Debt: The first 5.000 years*. Melville House Publishing.

GREGORY, Paul (2004): *The Political Economy of Stalinism*. Cambridge University Press.

HAYEK, Friedrich (1939): *Profits, Interest and Investment*. George Routledge & Sons.

HEIDER, Karl G. (2000): *Seeing Anthropology: Cultural Anthropology through Film.* Allyn & Bacon.

HUMPHREY, Caroline (2000): «How is barter done? The social relations of barter in provincial Russia», en *The Vanishing Rouble: Barter Networks and Non-Monetary Transactions in Post-Soviet Societies*, ed. Paul Seabright, Cambridge University Press.

KNAPP, Georg Friedrich (1924 [1895]): *The State Theory of Money.* Macmillan & Company Limited.

KLEIN, Peter, SELGIN, George (2000): Menger's Theory of Money: Some Experimental Evidence. En Smithin, John, *What is Money?* Routledge.

MENGER, Carl (2012 [1909]): *El dinero*. Unión Editorial.

MISES, Ludwig (1935 [1920]): *Economic Calculation in the Socialist Commonwealth.* George Routledge & Sons

MINSKY, Hyman (2008 [1986]): *Stabilizing an Unstable Economy*. McGraw-Hill.

MITCHELL-INNES, Alfred (1913): What is Money? *The Banking Law Journal.*
– (1914): The Credit Theory of Money. *The Banking Law Journal.*
MOSLER, Warren (2010): *The 7 Deadly Innocent Frauds of Economic Policy.*
PLATTNER, Stuart (1989): *Economic Anthropology.* Stanford University Press.
QUIGGIN, Alison Hingston (1949): *A Survey of Primitive Money.* Methuen & Co.
RALLO, Juan Ramón Rallo (2011): *Los errores de la vieja economía: una refutación de La Teoría General del empleo, el interés y el dinero de John Maynard Keynes.* Unión Editorial.
RIDGEWAY, William (1892): *The Origin of Metallic Weights and Standards.* Cambridge University Press.
TCHERNEVA, Pavlina (2005): *The Nature, Origins, and Role of Money.* Working Paper en Center for Full Employment and Price Stability.
WRAY, L. Randall (1998): *Understanding Modern Money.* Edward Elgar Publishing.
– (2005): con Tymoigne, Éric. *Money: An Alternative Story.* Working Paper en Center for Full Employment and Price Stability.
ZARLENGA, Stephen (1994): *A Refutation of Menger's Theory of the «Origin of Money».* American Monetary Institute Charitable Trust.

EN LA MISMA COLECCIÓN

VOL. 1: ATLAS DEL LIBERALISMO
Raimondo Cubeddu
192 páginas • ISBN: 978-84-7209-340-9

VOL. 2: LA CONCLUSIÓN DEL SISTEMA MARXIANO
Eugen von Böhm-Bawerk
174 páginas • ISBN: 978-84-7209-348-5

VOL. 3: ENTRE DOS SIGLOS Y OTROS ESCRITOS INCONVENIENTES
Pedro Schwartz
318 páginas • ISBN: 978-84-7209-355-3

VOL. 4: EL GENIO DE OCCIDENTE (2.ª edición)
[Raíces clásicas y cristianas de la civilización occidental]
Louis Rougier
260 páginas • ISBN: 978-84-7209-360-7

VOL. 5: LA LIBRE EMPRESA
[Una introducción a sus fundamentos morales, jurídicos y económicos]
Francisco Pérez de Antón
188 páginas • ISBN: 978-84-7209-394-2

VOL. 6: DESARROLLO Y CALIDAD DE VIDA
Carlos Sabino
128 páginas • ISBN: 978-84-7209-399-7

VOL. 7: LA METODOLOGÍA DEL ANÁLISIS ECONÓMICO Y OTROS ENSAYOS
Julio H. Cole
192 páginas • ISBN: 978-84-7209-403-1

VOL. 8: LA FIGURA EMPRESARIAL EN EL PENSAMIENTO ECONÓMICO. [Una aproximación histórica]
María Clara D. Pérez Vila
144 páginas • ISBN: 978-84-7209-441-3

VOL. 9: EL PUNTO SOBRE LA *i.* (Volumen I). [Ideas en torno a la libertad individual, la responsabilidad personal y la propiedad privada]
Arturo Damm Arnal
236 páginas • ISBN: 978-84-7209-556-4

VOL. 10: LA TRAGEDIA DEL EURO
Philipp Bagus
236 páginas • ISBN: 978-84-7209-566-3

VOL. 11: SENTIDO LIBERAL. [El urgente sendero de la Libertad]
Héctor Ñaupari
220 páginas • ISBN: 978-84-7209-566-3

VOL. 12: MEDITACIONES PARA MEDITAR
Alberto Benegas Lynch (h)
496 páginas • ISBN: 978-84-7209-584-7

VOL. 13: SEAMOS LIBRES
José Benegas
254 páginas • ISBN: 978-84-7209-598-4

VOL. 14: EL HILO CONDUCTOR
Eugenio D'Medina Lora
402 páginas • ISBN: 978-84-7209-600-4

VOL. 15: EUROPA, UNA ESPERANZA. [Reflexiones]
María Clara D. Pérez Vila
212 páginas • ISBN: 978-84-7209-616-5

VOL. 16: DEMOCRACIA SIN POPULISMO: CÓMO LOGRARLO
José Luis Sardón
178 páginas • ISBN: 978-84-7209-620-2

VOL. 17: LA MISERIA DEL INTERVENCIONISMO: 1929-2008
Axel Kaiser
206 páginas • ISBN: 978-84-7209-624-0

VOL. 18: EL PUNTO SOBRE LA *i*. (Volumen II). [Reflexiones en torno a la libertad individual, la propiedad privada y la responsabilidad personal]
Arturo Damm Arnal
240 páginas • ISBN: 978-84-7209-635-6

VOL. 19: HÁGASE TU VOLUNTAD. [Bajar del cielo para conseguir un cargador de iPhone]
José Benegas
180 páginas • ISBN: 978-84-7209-652-3